桥梁预制构件质量提升技术及管理指南

Guidelines for Quality Improvement in Technology and Management of Bridge Prefabricated Component

交通运输部安全与质量监督管理司　组织编写

人民交通出版社股份有限公司
北　京

图书在版编目（CIP）数据

桥梁预制构件质量提升技术及管理指南 / 交通运输部安全与质量监督管理司组织编写. — 北京：人民交通出版社股份有限公司, 2021.9

ISBN 978-7-114-17586-2

Ⅰ. ①桥⋯ Ⅱ. ①交⋯ Ⅲ. ①桥梁构件—预制结构—质量管理—指南 Ⅳ. ①U443.4-62

中国版本图书馆 CIP 数据核字（2021）第 176175 号

QiaoLiang Yuzhi Goujian Zhiliang Tisheng Jishu ji Guanli Zhinan

书　　名：	桥梁预制构件质量提升技术及管理指南
著 作 者：	交通运输部安全与质量监督管理司
责任编辑：	刘永超　周佳楠
责任校对：	孙国靖　宋佳时
责任印制：	张　凯
出版发行：	人民交通出版社股份有限公司
地　　址：	（100011）北京市朝阳区安定门外外馆斜街 3 号
网　　址：	http://www.ccpcl.com.cn
销售电话：	（010）59757973
总 经 销：	人民交通出版社股份有限公司发行部
经　　销：	各地新华书店
印　　刷：	北京市密东印刷有限公司
开　　本：	880×1230　1/16
印　　张：	10
字　　数：	152 千
版　　次：	2021 年 9 月　第 1 版
印　　次：	2021 年 9 月　第 1 次印刷
书　　号：	ISBN 978-7-114-17586-2
定　　价：	100.00 元

（有印刷、装订质量问题的图书由本公司负责调换）

《桥梁预制构件质量提升技术及管理指南》
编审组
审定组

组　　　长：张继顺
副 组 长：卞钧霈　姜竹生
成　　　员：刘　刚　王昌将　田克平　黄　盛　杨　健
　　　　　　李　松　王运金　赵尚传　张立业　李洪斌
　　　　　　罗海峰　翁优灵　桂志敬　尼颖升　段金龙

编写组

主　　　编：项柳福
副 主 编：陈妙初　姜竹生　徐远明　杨黔江
编写人员：宣剑裕　丁志群　郭捷菲　甘孟松　顾森华
　　　　　　唐晓俊　钱宇峰　刘　成　梅敬松　王其明
　　　　　　夏国星　樊文胜　王伯全　吴波明　李洪涛
　　　　　　孙　宏　冉龙举　李　勇　李　岗　郝文甫
　　　　　　许建兴　林海峰　朱其敏　陈　刚　刘新起
　　　　　　贾圣东　吴明威　李　成　刘　沁　刘晓霞
　　　　　　蒋华龙　钱　杰　钟永新　鲁信旺　邢　键
　　　　　　肖　敏　曾　炎　汪祥国　范亚峰　施正宝
　　　　　　常永健　刘冬冬　李啸晨

主编单位： 浙江省交通工程管理中心

参编单位： 江苏省交通运输厅

江西省交通建设工程质量监督管理局

贵州省交通建设工程质量监督局

交通运输部公路科学研究院

浙江省交通投资集团有限公司

嘉兴市嘉萧高速公路投资开发有限公司

江苏省交通工程建设局

江西省交通投资集团有限责任公司

贵州高速公路集团有限公司

浙江交工集团股份有限公司

中铁大桥局集团有限公司

中交第二航务工程局有限公司

青岛公路建设集团有限公司

序

"十三五"期间是交通基础设施发展、服务水平提高和转型发展的黄金时期。当前，我国交通基础设施建设规模总量大，交通建设正处于施工高峰期，安全生产风险大、形势严峻、任务艰巨。因此，要深入贯彻落实党的十九大精神，以习近平新时代中国特色社会主义思想为指导，认真落实党中央、国务院决策部署，坚持以人民为中心，牢固树立安全发展理念，深化平安交通建设，推动改革创新，健全安全体系，坚决遏制生产安全事故，为建设交通强国提供坚实可靠的安全保障。

品质工程是践行现代工程管理发展的新要求，追求工程内在质量和外在品位的有机统一，以"优质耐久、安全舒适、经济环保、社会认可"为建设目标的公路水运工程建设成果。一直以来，交通运输部始终坚持质量第一、安全至上的理念，落实交通强国战略部署，全力推进品质工程建设，全面提升交通建设质量安全水平，更好地满足经济社会发展和人民群众安全便捷、高效出行的需要。

2018年2月1日，交通运输部办公厅印发了《品质工程攻关行动试点方案（2018—2020年）》，开展为期3年的品质工程攻关行动，旨在解决公路水运工程建设重点领域的突出问题，提炼、推广先进工程技术管理经验，完善有关工程质量安全技术标准，全面提升工程质量安全管理水平。此次攻关行动围绕"两区三厂"（生活区、办公区、钢筋加工厂、拌和厂及预制厂）建设安全标准化、桥梁预制构件质量提升、隧道施工质量安全管控能力提升、工程质量安全技术"微创新"、施工现场安全防护设施标准化、施工班组规范化管理等6方面攻关任务，分阶段形成品质工程建设质量安全管理制度或技术要求。

为大力推广工厂化、标准化、精细化生产和信息化管理理念，消除预制构件质量通病、提升耐久性和整体质量，我司组织浙江、江苏、江西和贵州等地相关单位和人员，并依托试点项目和试点企业编写了《桥梁预制构件质量提升技术及管理指南》（以下简称《指南》）。

《指南》明确了小箱梁、大箱梁、节段梁和T梁四种梁型的模板工程、钢筋工程、混凝土工程、预应力工程、构件转运和存放等方面的具体要求，是对桥梁预制经验和管理创新的总结和提升。

全面推动桥梁预制构件质量提升，提高桥梁智能化建造水平，深入推进"精品建造、精细管理"，为"平安百年品质工程"建设打好坚实基础，为加快建设交通强国，建设一流交通运输基础设施提供强力支撑。

交通运输部安全与质量监督管理司

2021年7月

前　言

《桥梁预制构件质量提升技术及管理指南》（以下简称《指南》）围绕《品质工程攻关行动试点方案（2018—2020年）》"开展桥梁预制构件质量提升攻关行动"的中心任务，依托试点项目，解决桥梁预制构件（小箱梁、大箱梁、节段梁和T梁）模板制作、钢筋加工、钢筋骨架制作、混凝土浇筑与养生、智能张拉和压浆等关键工序质量控制短板的问题，消除质量通病，优化施工工艺，提炼总结先进技术和管理经验。《指南》仅涉及预制厂内的模板工程、钢筋工程、混凝土工程、预应力工程、厂内构件转运和存放，宿舍管理内容仅供参考。

《指南》实施后将进一步规范公路品质工程建设的技术和管理工作，推广工厂化、标准化、精细化生产和信息化管理理念，实现桥梁预制构件（小箱梁、大箱梁、节段梁和T梁）实体质量、功能质量、外观质量均衡发展，有效提升工程耐久性，为打造"平安百年品质工程"奠定基础。

《指南》小箱梁和大箱梁质量提升章节内容主要由浙江省参编人员编写完成；节段梁质量提升章节内容主要由江苏省参编人员编写完成；T梁质量提升章节内容主要由贵州省和江西省参编人员编写完成；其他章节及附录内容由四省参编人员提出、提炼和总结完成。

鉴于编写时间较为紧迫，加之编者水平有限，如有不当之处，敬请广大读者批评指正！

本书编写组

2021年7月

目 录

1 总则 ··· 1
2 规范性引用文件 ·· 2
3 基本规定 ··· 3
 3.1 预制构件基本质量和性能 ·· 3
 3.2 预制场地及节能环保 ·· 3
 3.3 预制工艺、设备、材料 ·· 3
4 预制厂管理要求 ·· 6
 4.1 预制场地 ··· 6
 4.2 工装设备 ··· 9
 4.3 人员管理 ··· 9
 4.4 深化设计 ··· 10
 4.5 技术准备 ··· 10
 4.6 原材料、半成品和成品管理 ·· 11
 4.7 首件管理制度 ·· 12
 4.8 安全管理 ··· 13
 4.9 环保管理 ··· 15
 4.10 宿舍管理 ··· 15
 4.11 信息化管理 ··· 16
5 通用要求 ··· 17
 5.1 模板工程 ··· 17
 5.2 钢筋工程 ··· 18
 5.3 混凝土工程 ··· 21
 5.4 预应力工程 ··· 24
 5.5 构件转运和存放 ·· 28
6 小箱梁质量提升要点 ·· 30
 6.1 模板工程 ··· 30
 6.2 钢筋工程 ··· 31
 6.3 混凝土工程 ··· 33
 6.4 预应力工程 ··· 34
 6.5 构件转运和存放 ·· 34

7 大箱梁质量提升要点 ... 36
7.1 模板工程 ... 36
7.2 钢筋工程 ... 37
7.3 混凝土工程 ... 40
7.4 预应力工程 ... 41
7.5 构件转运和存放 ... 42

8 节段梁质量提升要点 ... 44
8.1 模板工程 ... 44
8.2 钢筋工程 ... 49
8.3 混凝土工程 ... 51
8.4 构件转运和存放 ... 55

9 T梁质量提升要点 ... 57
9.1 模板工程 ... 57
9.2 钢筋工程 ... 58
9.3 混凝土工程 ... 61
9.4 预应力工程 ... 61
9.5 构件转运和存放 ... 62

附录A 桥梁预制构件钢筋配料单 ... 63
附录B 桥梁预制构件钢筋定位架验收标准 ... 64
附录C 桥梁预制构件外露钢筋防腐处理要求 ... 65
附录D 桥梁预制构件凿毛分级评定 ... 66
附录E 桥梁预制构件外观分级评定 ... 68
附录F 案例材料——小箱梁 ... 70
附录G 案例材料——大箱梁 ... 82
附录H 案例材料——节段梁 ... 95
附录J 案例材料——T梁 ... 113
附录K 案例材料——T梁 ... 136

1 总则

1.0.1 为深入贯彻《交通强国建设纲要》的高质量发展要求，落实交通运输部"平安百年品质工程"工作部署，大力推行桥梁预制构件工厂化、标准化、精细化生产和信息化管理，优化和改进施工工艺、提高质量安全管理水平、提升工程品质，制定本指南。

1.0.2 本指南适用于公路工程混凝土小箱梁、大箱梁、节段梁和T梁的桥梁预制构件施工。

1.0.3 桥梁预制构件质量提升内容包括预制厂管理要求、模板工程、钢筋工程、混凝土工程、预应力工程以及构件转运和存放等方面。

1.0.4 桥梁预制构件的质量提升技术和管理除应符合本指南的规定外，尚应符合法律、法规、规章、国家和行业现行有关标准的规定。

1.0.5 本指南的预制厂为项目自建预制厂，社会化预制厂可参考执行。

2 规范性引用文件

GB/T 5224—2014　预应力混凝土用钢绞线
GB/T 50214—2013　组合钢模板技术规范
JTG/T 3650—2020　公路桥涵施工技术规范
JTG F80/1—2017　公路工程质量检验评定标准　第一册　土建工程
JT/T 529—2016　预应力混凝土桥梁用塑料波纹管
JG/T 225—2020　预应力混凝土用金属波纹管
JGJ 55—2011　普通混凝土配合比设计规程
JGJ/T 10—2011　混凝土泵送施工技术规程

3 基本规定

3.1 预制构件基本质量和性能

3.1.1 应使用质量合格和稳定的原材料，应用先进的工艺、设备，提高预制构件实体质量和耐久性。

3.1.2 应全过程记录，佐证资料齐全、真实、完整，运用信息化技术，实现质量可追溯。

3.2 预制场地及节能环保

3.2.1 标段划分时，应统筹考虑预制厂的投入产出比和规模化、集约化生产要求。

3.2.2 预制厂建设前，应进行场地布置和功能区、水电网路等专项设计。建设完成后应组织专项验收，合格后方可投入使用。

3.2.3 应积极采用先进适用的节能环保材料、技术和产品。

3.3 预制工艺、设备、材料

3.3.1 预制构件质量提升应加强对淘汰和限制使用的预制工艺、设备和材料的管理。

3.3.2 淘汰和限制使用的预制工艺、设备、材料及其对应替代的工艺、设备、材料可参考表3-1。

表 3-1 淘汰和限制使用的预制工艺、设备、材料

序号	拟淘汰工艺、设备、材料名称	工艺、设备、材料描述（类别、技术性能指标、基本流程等）	禁止或限制使用类型	淘汰或限制使用原因	参考的可替代工艺、设备、材料	禁止或限制使用范围
1	卷扬机钢筋调直工艺	利用卷扬机的牵引力拉直钢筋	禁止	1. 调直质量难以保证； 2. 生产方式存在安全隐患	钢筋调直机调直钢筋工艺等	—
2	钢筋闪光对焊作业	人工操作闪光对焊机进行钢筋焊接的工艺	禁止	1. 焊接接头质量受环境、设备及焊工操作水平影响； 2. 现场施工质量常难以保证	机械连接（套筒冷挤压连接、滚压直螺纹套筒连接等）工艺等	—
3	箱形梁采用气囊内模工艺	用橡胶充气气囊作为箱形梁的内模，拆模时打开阀门放气，抽出气囊	禁止	1. 气囊质量轻，刚度差，易变形，特别在振捣时，箱梁的腹板、顶板等位置的钢筋保护层厚度难保证； 2. 气囊抽出时间不易控制，抽早了易造成混凝土塌落露筋或表面拉伤	箱形梁预制采用刚性内模工艺等	—
4	混凝土预制构件人工洒水养生	在预制梁板养生期采用人工洒水养生	禁止	1. 人工洒水用水多，喷洒不均匀、不及时，影响工程质量； 2. 养生效率低	自动喷淋，"自动喷淋+人工辅助"养生、蒸汽养生等	—
5	自落式混凝土拌和机	自落式混凝土拌和机机构简单，工作时拌筒内的物料被叶片提升至一定高度后，借自重下落，重复旋转运动，达到拌和的匀质效果	禁止	1. 原材料无法准确称量控制； 2. 拌和不均匀易对自由下落的物料进行拌和、拌和不彻底； 3. 扬尘大，文明施工形象差	强制式拌和机等	—
6	非数控预应力张拉设备	采用人工手动操作张拉油泵，张拉预应力钢绞线，伸长量靠卡尺测量，应力表读取	禁止	1. 人工张拉预应力施加力的大小、持荷时间以及力量受人为因素影响较大； 2. 张拉时预应力的操作力的大小与实际大小不匹配，导致预应力在管道内的实际大小与计算模式不相符； 3. 人工张拉存在一定风险隐患； 4. 施工重量大，功效低	数控预应力张拉设备等	—

续表 3-1

序号	拟淘汰工艺、设备、材料名称	工艺、设备、材料描述（类别，技术性能指标，基本流程等）	禁止或限制使用类型	淘汰或限制使用原因	参考的可替代工艺、设备、材料	禁止或限制使用范围
7	非数控孔道压浆设备	采用人工手动操作进行孔道压浆的设备	禁止	1. 普通压浆设备不稳定，人为因素大，配合不及时，饱满度控制不到位，压力浮动较大；2. 操作工作中配合控制不到位易造成堵管，爆管等现象；3. 施工准备时间较长，功效低；4. 注浆压力和注浆质量不易控制，施工操作人为因素多	数控压浆设备等	—
8	预制梁板钢筋无胎架现场绑扎	预制梁板钢筋现场绑扎，无钢筋辅助定位措施	限制	受工人的熟练程度以及责任心等因素影响，钢筋的绑扎精度随意性较大	利用胎架胎模进行钢筋的安装	生产总量大于100片梁的预制厂不允许使用
9	预应力管道水泥净浆压浆	利用水泥、水、外掺料作为材料进行压浆液的拌制	禁止	水泥净浆配合比较随意，差异大，水泥净浆收缩较大，压浆质量不能有效保证	专用压浆料或专用压浆剂配制的浆液	公路工程
10	集料加工摇摆筛	利用摇摆筛进行砂石料筛分加工砂石料	限制	产量低，各档集料筛分不彻底，留料较多	振动筛	二级及二级以上等级公路不允许使用

注：可替代工艺、设备、材料包括但不限于表中所列的内容。

4 预制厂管理要求

4.1 预制场地

4.1.1 预制场地建设除应满足本指南规定外，还应符合《"两区三厂"建设安全标准化指南》的相关要求。

4.1.2 预制厂选址应满足下列要求：

1 选址应遵循"安全第一、科学规划、因地制宜、永临结合、经济适用、绿色环保"的原则。

1）应根据规划场地面积合理选址，规划场地面积应满足预制构件数量、工期、存梁时间等需求。

2）应具备原材料、大型设备、预制梁进出厂运输条件；若采用水路运输，宜邻近码头区域。

3）应在地形、地质条件较好的位置选址，地基应满足承载力要求，边坡应稳定。

4）宜利用红线用地，少占用土地，减少拆迁及复垦。红线范围内宜尽量选择在挖方路基地段，硬化场地可考虑作为路面结构层使用。

5）应考虑防洪、排涝等要求，不应设在易受自然灾害影响地带；宜避开高压线、危险爆炸物生产区，确保施工安全。

2 工程项目预制厂选址应根据项目情况及特点进行统一规划，相关要求应写入招标文件。

4.1.3 预制厂应按工厂化要求进行专项设计，编制专项建设方案。

4.1.4 专项设计应包括但不限于下列内容：

1 总平面布置：功能区图、给排水线路图、供电线路图、围挡区域图；

2 给排水系统：蓄水池图、供水管路图、排水沟及沉淀池图、收集循环利用系统图等；

3 供电系统：变压器及发电机房图、电缆沟图、照明图等；

4 厂区围挡：围挡基础图、围挡图、门禁系统图等；

5 台座：台座扩大基础及配筋图、台座及配筋图、钢结构台座图、基础受力验算书等；

  6 起重设备基础：基础布置及配筋图、基础受力验算书等；
  7 辅助工具（工装）：钢筋绑扎胎架图、钢筋骨架吊装吊具图、上下行通道图、张拉防护平台图、钢绞线放线架图、浇筑料斗图、浇筑平台或移动小车图、压浆浆体收集工装图、钢筋半成品配送胎架图、梁底预埋钢板调坡器图等；
  8 养生系统：自动喷淋养生系统图、蒸汽养生大棚图等；
  9 拌和站：基础布置及配筋图、基础受力验算书等；
  10 视频监控：监控系统位置分布图。

4.1.5 预制场地布置应满足下列要求：
  1 各项目应根据工程实际情况，严格控制各标段混凝土构件预制场地数量，原则上一个标段只设置一个预制场地。各类构件（包括小型构件）应集中预制。
  2 预制场地面积宜根据预制构件数量、工期、存梁时间、架设速度等综合考虑，可参照表4-1的规定。

表4-1 预制场地建设规模（推荐）

内容要求	箱 形 梁			T 梁
	大箱梁	节段梁	小箱梁	
预制构件数量（片）	≥300	≥500	≥1 000	≥1 000
场地面积（m²）	≥200 000	≥80 000	≥45 000	≥35 000

  注：如项目规模较小，预制构件数量少于表中数量，可适当调整场地面积大小，但功能分区布局应科学、合理。

  3 预制场地布置宜考虑制梁台座和存梁台座进行平面布置，其他功能区结合制梁区和存梁区进行布置，根据制梁区和存梁区的位置关系，预制场地可分为下列三种：
  1）纵列式预制场地。场地布置较为狭长，适用于山岭地形条件，设备占地少，一般在桥轴线上或平行于桥轴线上布置；
  2）横列式预制场地。场地较为方正，移梁、提梁时加配提梁机进行移梁或装梁，一般建设于主线外；
  3）组合式预制场地。兼具纵列式和横列式布置的特点，制梁区为纵列式，存梁区为横列式，配置轮胎式或轮轨式搬梁机，适用于较大规模预制能力的预制厂。
  4 预制区域、主要通道应严格控制纵、横坡度；场地应硬化；门式起重机（又称"龙门吊"）两侧轨道顶面高程应一致，纵坡合理。

4.1.6 预制场地功能区建设应满足下列要求：
  1 功能区包括钢筋加工区、钢筋绑扎区、混凝土拌和区、制梁区、存梁区、出梁区等，各功能区宜按照流水生产线方式布置，功能齐全、科学合理、界限清晰。
  2 生产线数量应根据场地形状、构件类型、台座数量等因素确定。
  3 预制厂宜采用封闭式管理，钢筋加工区、钢筋绑扎区、混凝土拌和区、制梁区推荐厂房式，存梁区和出梁区为露天式。

4 钢筋加工区厂房应进行专项设计。厂内应设置原材料堆放、钢筋下料、加工制作、检测、半成品（成品）堆放、废料临时存放等功能区域；厂内安全通道应人车分离；厂房高度应满足加工设备操作空间，不宜小于7m；厂内应设置避雷、防风、通风措施；厂内钢筋加工区面积应根据钢筋（材）加工量、工期等要求设置，可参照表4-2的规定。

表4-2 钢筋加工区面积参考标准（推荐）

规模	加工总量（t）	面积（m²）
大	>10 000	≥3 500
中	[6 000, 10 000]	≥2 000
小	<6 000	≥1 500

注：如加工总量较少，可根据桥梁实际数量调整钢筋加工厂面积。

5 钢筋绑扎区应设置胎架、钢筋半成品存放和工器具存放等功能区域；胎架数量应满足生产需求。

6 制梁区宜满足下列要求：

1）台座数量应与构件的类型、数量、工期相适应，并考虑一定的富余；预制台座的地基应具有足够的承载能力和稳定性；应加强对台座的反拱设置。

2）应设置自动养生设备，做到全覆盖、无死角；冬期施工应具备保温、保湿养生条件。

7 存梁区台座数量应根据制梁设备配置状况、制梁工序、制梁周期及架设速度等因素确定。

8 出梁区应合理规划起重设备、运输道路和码头等；运输道路应设置在存梁区附近，宽度应满足运梁要求。

9 混凝土拌和区宜满足下列要求：

1）拌和区应根据工程实际情况集中布置，合理划分拌和作业、材料堆放、运输车辆停放、试验、混凝土尾料回收及办公等功能区域，内设洗车池（洗车台）、污水沉淀池、排水系统和除尘系统，并满足下列要求：

——宜根据地域环境设置拌和用水加热、降温设备；

——材料堆放区应设置钢结构厂棚，厂棚具备防雨、抗风功能；

——堆放区和拌和设备之间宜采取必要的防雨措施；

——混凝土尾料回收区宜设置尾料回收处理系统。

2）拌和区场地面积、拌和机组配置及产能应满足生产要求，一般不少于5 000m²。

3）拌和区各罐体宜连接成整体，安装缆风绳和避雷设施；应绘制高速公路项目名称以及施工单位简称，两者竖向平行绘制，字体醒目，颜色统一。

4）原材料应有足够的储量，每种混凝土原材料储料仓（罐）应不少于2个。

4.2 工装设备

4.2.1 工装设备应根据生产工艺的流水线要求合理布设,基本生产设备和工艺工装应满足表 4-3 的规定。

表 4-3 预制厂应具备的生产设备和工艺工装

类别	设备名称	设备要求	备注
生产设备	钢筋加工机械设备	数控设备、焊接机器人、桁车	机器人有条件时使用
	混凝土拌和站	不少于 2 台强制式卧轴拌和机或者强制式行星拌和机、自动计量配料系统及皮带运输机	法律法规规定的除外
	混凝土浇筑设备	大型整孔箱梁采用布料机,其他梁形浇筑设备应满足施工需求	—
	养生设备	智能喷淋系统及蒸养	蒸养有条件时使用
	预应力筋穿束设备	满足使用需求	—
	张拉设备	智能张拉设备	—
	半成品、成品尺寸(线形)验收设备	半成品和成品大样、三维激光扫描设备	三维设备有条件时使用
	压浆设备	智能压浆设备	—
	门式起重机	额定起吊能力满足最大使用荷载的需求	—
	提梁/移梁设备	额定起吊能力满足最大使用荷载的需求	采用提梁机时可租赁
	发电机	发电机组,功率应满足停电时继续生产、办公、试验室试验的需求	—
工艺工装	制梁台座及配套装备	基础牢固,数量满足生产工期的需求	—
	存梁台座	基础牢固,不产生不均匀沉降	—
	模板	底模、侧模、端模、内模	—
	梁体钢筋绑扎胎架	底、腹板绑扎胎架,顶板绑扎胎架,横隔梁绑扎胎架,整体绑扎胎架、护栏预埋钢筋定位胎架	—
	吊具	满足吊装需求	—
	混凝土浇筑防雨设施	能满足在雨天浇筑混凝土需求	—
	混凝土养生装置	保温设施(蒸养罩、棚、房)	蒸汽养生时

注:基本生产设备和工艺工装可与上述设备名称不同,但应满足上述设备的功能、性能要求。

4.3 人员管理

4.3.1 施工、监理单位应根据招标文件以及工程实际需要,配置管理班组和人员,特种作业人员应持证上岗。

4.3.2 施工单位应加强人员的岗位前培训和考核管理,提升岗位技能,未经培训或培训考核不合格的人员，不得上岗作业。

4.3.3 施工单位应对所有班组人员进行信息化管理，登记在册，建立流动档案进行管理。

4.3.4 施工单位应建立健全各项考核制度，推行班组规范化管理，实行班组首件制、班组"6S"管理（整理、整顿、清扫、清洁、素养、安全）、班组"六步走"工作程序（班前提示、班前检查、班中巡查、班后小结、班后交接、班后清理），开展班组劳动竞赛。

4.3.5 建设单位应成立班组规范化管理评比小组，负责班组规范化管理建设的评比工作。班组作业标准化评比应与立功竞赛、安全生产考核、平安工地考核挂钩。

4.4 深化设计

4.4.1 设计阶段宜推行信息化设计和标准化设计，优化调整各项设计参数：

1 鼓励采用 BIM（建筑信息模型）等三维建模技术进行正向化设计、数字化三维空间放样、施工过程模拟，提高可施工性，减少错、漏、碰、缺问题。

2 同一项目宜采用标准跨径并对跨径进行归类，减少梁长变化；尽量采用正交，减少质量通病、降低施工难度。

3 钢筋骨架宜采用"模块化"设计，满足工厂化施工需求。

4.4.2 施工阶段应对下列内容进行专项设计：

1 预制构件的预留孔和预埋件的数量、位置等内容应有专项施工方案或施工深化设计。

2 应对预制构件的吊装进行专项设计，应根据预制构件的单件质量、形状、安装高度、现场条件来制订具有针对性的吊装施工方案，减少吊装时的变形。

4.5 技术准备

4.5.1 设计交底应符合下列规定：

1 在设计技术交底之前，施工、监理单位应对图纸进行审查，并形成审查意见。

2 图纸会审应由专人作图纸会审记录，形成图纸会审纪要。纪要应包括涉及答疑方面的有关内容和条文，由建设、设计、施工、监理单位签字确认，存档列入交工技术文件。

3 对于构造复杂的特殊部位，设计宜采用三维图纸交底，施工单位应全面了解设计意图并检查其可操作性。

4　凡涉及设备制造厂家的工程项目施工图，应视情况邀请制造厂商代表到会，与设计单位代表一起进行技术交底与图纸会审。

4.5.2 专项施工方案编制与评审应符合下列规定：
1　施工单位应在预制厂建设前完成预制厂建设方案和预制构件施工方案，经审批后实施。
2　施工单位应严格按批复的专项施工方案组织施工，监理单位负责专项施工方案执行情况的核查工作，核查记录应及时存档；建设单位负责对监理单位的方案执行情况核查工作进行监督。
3　若批复后的方案发生变化，应按合同规定执行。

4.5.3 作业指导书编制应符合下列规定：
1　首件施工前，应对模板工程、钢筋工程、混凝土工程、预应力工程和构件转运和存放等分别编制施工作业指导书；首件总结通过后，应对作业指导书修订完善。
2　作业指导书应按照标准化、工厂化、安全、环保等要求进行编制；应明确作业程序、方法及注意事项，落实各级验收规范和标准，做到图文并茂、简明易懂、操作性强。

4.5.4 技术交底应符合下列规定：
1　项目技术负责人应对部门负责人进行交底，部门负责人应对管理人员和工点负责人进行交底，管理人员和工点负责人应对班组长及作业人员进行交底，交底过程资料应归档。每天开工前，班组长应对作业人员进行班前安全教育。
2　强化管理人员和工点负责人对班组长及作业人员的交底，交底内容应图文并茂、通俗易懂，在施工现场按具体工种或工序进行针对性交底。
3　鼓励采用视频、BIM展示等信息化技术进行交底。
4　项目技术负责人应不定期地在现场核查技术交底执行情况，当发现班组未按交底要求进行作业时，应立即停工，重新交底。

4.6 原材料、半成品和成品管理

4.6.1 原材料管理应符合下列规定：
1　应结合工程规模和施工安排，合理确定生产厂商，产能应能满足高峰期生产需求；应加强材料供应商管理，制定考核机制，定期对其进行考核，对考核不达标的供应商，应作清退处理。
2　应加强材料进场质量检验，不合格原材料不得入场。应建立工程材料管理台账，记录生产厂家、出厂日期、进场日期、数量、规格、批号及使用部位；应建立试验台账，记录取样送检日期、代表数量、检测单位、检测结果、报告日期及不合格材料的处理情况等内容。

3 现场堆放的各种原材料应具有材料标识牌。标识牌应采用镀锌铁皮制作，白底红框黑字，并安置于醒目处。

4.6.2 半成品和成品管理应符合下列规定：
1 施工单位应按分级管理的原则制定半成品和成品管理制度，责任落实到人，设专人负责检查、监督半成品和成品管理。
2 钢筋半成品应采用货架式存放和转运，实行"超市化"管理，货架上宜设置二维码信息；应分部、分层、分段并按构件名称、号码顺序堆放，挂标识牌，注明构件名称、部位、钢筋型号、尺寸、直径、根数；转运时应小心装卸，不得随意抛掷；混凝土浇筑过程中，应安排专人对位移和变形部位进行修复。
3 预制构件成品管理应符合第5.5节的规定。

4.7 首件管理制度

4.7.1 构件预制应采用首件认可制，应遵照"首件施工方案→首件实施→首件验收→首件总结"工序，总结不通过的应重新认可。

4.7.2 建设单位应根据预制构件特点和质量要求，在招标文件中明确预制构件首件要求；监理单位应加强对施工单位首件实施的管理。

4.7.3 首件实施过程中，应重点验证下列内容：
1 施工组织设计资源配置的合理性；
2 施工图设计的可实施性；
3 各项工序工艺的可操作性；
4 质量、安全、环保措施的合理性及完备性；
5 新技术、新工艺、新设备、新材料的适用性。

4.7.4 对于大体积梁，可考虑选取特征节段为首件，特征节段可为梁端、跨中、预应力齿块等，节段长度宜设定为3～4m；对于竖曲线、平曲线等复杂区段，可通过等比例试件切割方式验证施工质量，试件长度宜设定为8～10m，断面尺寸宜根据管道线形确定。

4.7.5 首件成品验收应覆盖现行《公路工程质量检验评定标准 第一册 土建工程》（JTG F80/1）规定的所有检验内容。对构件薄弱部位混凝土，宜取样检验；有条件的，鼓励对跨中部位进行有效预应力检测。

4.7.6 首件完成后，应根据施工技术、施工工艺、质量指标、施工工效进行总结评估，并采取优化改进措施。

4.7.7 未经首件认可的分项工程，不得批量生产。

4.8 安全管理

4.8.1 预制厂安全管理除应满足本指南规定外，还应符合《"两区三厂"建设安全标准化指南》的相关要求。

4.8.2 预制厂通道设置应符合下列规定：
1 预制厂出入口应设置门禁系统，配备专职安保人员规范门禁管理。
2 厂内道路应统一硬化处理，预设排水坡度、排水沟，做到雨天不积水、晴天不扬尘，保障道路畅通、整洁和夜间照明，结合实际设置限速标牌和广角镜、减速带等必要安全设施；应实行人车分流，标线、标识应醒目，必要时采用设施隔离。
3 应制定通道验收制度。通道出入口应悬挂通道验收牌，验收牌应经项目部、驻地办安全人员签字验收。通道应采用定型化、装配式结构。

4.8.3 高处作业、临边临水等危险区域安全防护应符合下列规定：
1 应设置安全防护栏杆，护栏颜色应以红、黄警示色为主，应做到颜色统一、规格一致。
2 护栏上杆高度不应低于1.2m，下杆高度不应高于0.6m，立杆间距不应大于2m，护栏水平承载能力不应小于1kN/m。
3 护栏下方有人员、车辆通行或作业的，应在下部设置高度不小于0.18m的挡脚板，应挂设密目式安全网封闭。
4 护栏两侧挂设相应安全警示标牌，严禁人员、重物依靠护栏。

4.8.4 机械设备的安全管理应符合下列规定：
1 机械设备应悬挂安全操作规程和设备标识牌，特种设备还应悬挂检验合格证和使用登记证等。
2 宜积极选用全自动数控钢筋加工、焊接机器人等自动化、智能化程度高的机械设备，建立健全机械设备"验收准入、退场签认"机制。
3 机械设备选型应充分考虑设备已使用年限、使用环境、起吊重量等因素，其技术性能应满足要求，人机证件齐全有效，安全装置和防护设施可靠。必要时对机械设备进行结构无损探伤和整体安全评估。特种设备、大型设备严格按照"一机一档"原则建档管理，并安排专业人员加强设备的日常使用检查和维护保养。
4 每台门式起重机应至少安装2套独立的防风锚固系统、电动夹轨器、安全监控预警系统，应确保机械设备由专人操作并严格遵守操作规程，安全应急装置应齐全，防脱钩装置、限位器、缓冲器、钢丝绳、行走报警器等易损件应完好。
5 预应力张拉作业时，两端应设置可移动式防护挡板，挡板内侧宜设置厚度不少于18mm的木板、外侧宜设置厚度不少于5mm的钢板进行防护。

4.8.5 临时用电管理应符合下列规定：

1 临时用电应采用总配电箱、分配电箱、开关箱的三级配电系统和三相五线制的低压电力系统，实行TN-S接零保护系统和二级漏电保护系统。临时用电设备和线路的安装、巡检、维修或拆除应由专业电工完成。

2 应采用埋地或架空方式减少地面明线。地下埋设电缆应设防护管，架空铺设电缆应沿墙或电杆做绝缘固定。

3 配电箱、开关箱应选用专业厂家定型的合格产品，进行统一编号并明确责任人及其联系方式，推荐使用插拔式配电箱和遥控式用电设备。开关箱必须做到"一机、一箱、一闸、一漏"，有门、有锁、防雨、防尘。

4 宜使用直流电焊机、等离子切割机，使用交流电焊机时应作接零或接地保护，进出线处应设置防护罩，并设置二次降压保护器。现场使用电焊机应设有防雨、防潮、防晒的机棚。

5 鼓励采用"智慧用电"系统，对二级配电箱线路中可能产生的漏电、电弧、过载、短路、线缆温度异常等电气安全隐患进行自动监测报警；预制厂变压器选型时应充分考虑冬季养生大功率用电设备的需求。门式起重机应采取滑触线取电方式，滑触线支撑架设置应规范可靠。

4.8.6 消防安全应符合下列规定：

1 建筑面积每100m^2宜至少配置1具4kg手提式干粉灭火器或依据火灾类别设置相应的灭火器。

2 人员相对集中的位置，宜配置一台消防水泵，消防水量不小于20m^3，消防砂量不小于2m^3。

4.8.7 危险品管理应符合下列规定：

1 气瓶、油料、涂料等危险品存放、使用区域应配备数量足够且有针对性的消防器材，集中存放区应远离人员密集区、建（构）筑物集中区，严禁易燃易爆物品混放，严禁暴晒和靠近热源、明火，应悬挂醒目的消防警示标牌。

2 氧气瓶、乙炔瓶室外临时存放，必须放置在专用的防护棚内，防护棚间安全距离应不小于20m，每间防护棚存放量不宜超过10瓶。

3 氧气瓶、乙炔瓶的压力表应完好。搬运氧气瓶、乙炔瓶时应轻拿轻放避免撞击，气瓶放置间隔不应小于5m，与明火间距不应小于10m。严禁集中、同时使用气瓶，乙炔瓶还应安装回火阀。应积极使用标准化气瓶小推车和吊篮。

4 油罐与明火距离不应小于15m，并设防静电、防雷接地装置及加油车接地装置，接地电阻不得大于10Ω。

4.9 环保管理

4.9.1 施工前，施工单位应制定专项环保方案。

4.9.2 应专人定期进行场地的清理和打扫，保持场内卫生。每次作业完成后，及时清洗机具，清理现场，做到场地整洁、机具摆放整齐。

4.9.3 临近居民区施工产生的噪声应符合现行《建筑施工场界环境噪声排放标准》（GB 12523）的规定。

4.9.4 应设置机动车辆、设备冲洗设施、排水沟及沉淀池；现场用水蓄水池、给排水网络、沉淀池应形成循环系统；必要时可配备洒水车和喷雾机。

4.9.5 砂石料场底部、上料台、上料输送带的下部废料应经常清理并保持清洁，严禁装载机铲料时铲底；上料通道应采取降尘措施。

4.9.6 水泥、粉煤灰等材料进料时，应保证材料罐顶的密封性能，预留通气孔应设有降尘措施；当粉尘较大时，应暂时停止上料，待处理完后继续。

4.9.7 现场液态、固态等各类废弃物应按规定进行处理，严禁擅自掩埋、焚烧或排放。

4.9.8 应设置混凝土尾料回收系统，将混凝土集料分离，粉料集中回收处理。

4.9.9 预制厂处路基边坡开挖完成后应尽快施作坡面防护及绿化。

4.9.10 预制厂宜配备检测仪器，用于检测场地内有毒有害气体、大气粉尘和噪声。

4.10 宿舍管理

4.10.1 项目部和工区宿舍应实行封闭式分区管理，宿舍区与施工区应分离。

4.10.2 宿舍区应设置食堂、开水间、浴室、洗漱晾晒区、电瓶车充电区等设施；每间宿舍人均居住面积宜不小于 $5m^2$；宿舍内宜统一配置空调、储物柜、桌椅等设施；宿舍内供电接口宜统一采用 USB（通用串行总线）接口。

4.10.3 项目部应制定宿舍管理制度，落实专人管理。

4.10.4 宿舍区与门式起重机、水泥罐的距离应满足防倾覆安全距离。

4.11 信息化管理

4.11.1 预制构件施工宜采用信息化管理平台进行预制全过程数字化管控。

4.11.2 混凝土拌和、预应力张拉和压浆、工地试验检测等重点工艺应采用物联网技术实现数据实时采集和数字化管控。

4.11.3 宜采用智能液压模板、智能养生装置、智能张拉压浆设备、智能附着式振捣器等工装设备。

4.11.4 宜采用智慧用电系统、大型设备动态监控系统等信息化措施加强安全管理。

4.11.5 成品梁体上应采用二维码或芯片等信息化技术，可用于查看原材料、工序、成品检测、验收结果等施工质量信息。

5 通用要求

5.1 模板工程

5.1.1 工艺流程包括模板专项设计及验算、制作、安装及验收、拆模。

5.1.2 模板专项设计及验算应符合下列规定：
1 设计应考虑结构尺寸、结构形式、模块划分、连接方式、材质选型、安装调整系统等；设计内容应包含小块模板设计和模板防腐。
2 强度、刚度和稳定性应进行验算论证。
3 应优先采用不锈钢或复合不锈钢模板，鼓励采用先进的整体式液压模板。
4 设计应考虑特殊部位安拆需求，进行相对圆润的设计，防止拆模时混凝土破坏。

5.1.3 模板制作应由专业制造厂家完成，几何尺寸、面板平整度、焊接质量等指标除应满足设计要求外，还应满足下列要求：
1 施工单位应派专人驻厂监督制造。
2 宜根据类别统一编号，制作完成后应进行试拼装，并按现行《公路桥涵施工技术规范》（JTG/T 3650）的规定检查模板安装质量。
3 出厂前应对模板进行验收，经施工单位和监理单位验收合格后方可出厂，验收内容包括模板的材料、尺寸、重量、数量等是否满足要求以及出厂合格证明是否齐全。

5.1.4 模板安装及验收应符合下列规定：
1 进场后应进行拼装验收，检查整体线形及结构尺寸。
2 安装前应采用机械打磨抛光、高压水冲洗等方式进行清理。
3 接缝处应采用有效的止浆措施。
4 安装完成后应由监理单位、施工单位按现行《公路桥涵施工技术规范》（JTG/T 3650）进行验收。

5.1.5 应对模板专用脱模剂进行验证比选，模板表面擦拭干燥并处于清洁状态方可涂刷脱模剂，脱模剂应涂刷均匀，模板表面不应有滴状残留。

5.1.6 模板的拆除时机和拆除顺序应在施工方案中明确。

5.1.7 模板使用后应清洁干净，涂防锈油或脱模剂。

5.1.8 模板连续使用超过1个月，宜进行表面平整度、内侧错台、板面挠度等项目的检查和校正。

5.1.9 模板工程质量通病及防治措施可按表5-1的规定执行。

表5-1 模板工程质量通病及防治措施

序号	质量通病	防治措施
1	模板刚度不足	进行专项设计和专项验收，保证模板刚度
2	模板制造精度不足	专业厂家制造；派专人驻场监督；出厂前进行严格验收
3	使用过程中，模板产生胀模和拼缝错台	加强紧固件和支撑机构的检查，及时更换损坏的紧固件
4	端头模板未进行专项设计，封锚端混凝土外观质量差	单独对端头模板进行设计，专业厂家制造，加强使用过程的检查、修整
5	模板运输、安装、使用和存放过程中维护不当，导致出现变形、生锈等	加强模板运输、安装过程管理，采取防护措施避免磕碰；混凝土振捣时应避免振捣器触碰模板；模板拆除时严禁生拉硬撬、暴力拆卸；模板拆除后及时清理表面的浮浆残渣，表面不平整处可用磨光机抛光，生锈处用钢丝刷除锈，并均匀涂抹好脱模剂、分类堆放整齐以备用

5.2 钢筋工程

5.2.1 工艺流程包括钢筋进场及存放、胎架制作、钢筋下料、钢筋半成品制作及验收、钢筋半成品存放及配送、钢筋模块制作、钢筋骨架制作、保护层垫块安装、钢筋骨架吊运、钢筋骨架安装。

5.2.2 钢筋进场及存放应符合第4.6节的规定，同时应满足下列要求：
1 进场检验后，端头位置应涂颜色标识检验状态，检验合格钢筋涂绿色标识，不合格钢筋涂红色标识。
2 直条钢筋和盘条钢筋均为货架式存放，直条钢筋存放高度不宜高于2.0m，盘条钢筋存放不宜超过2层；存放架应采用型钢焊接制作，存放架底部离地高度不应小于20cm，存放架之间应设置不小于60cm的人行通道。

5.2.3 胎架制作应符合下列规定：
1 应进行专项设计，设计内容包括：

1）总体框架设计图、钢筋定位卡槽布置图、预埋件定位图、细部结构详图、安全防护设置图、临时用电布置图、防腐措施等；
　　2）制定胎架力学验算、验收标准（参考附录B）。
　2 胎架定位卡槽尺寸应根据钢筋直径、吊装需求、钢筋间距允许误差等确定。
　3 胎架上宜采用角钢开槽和划线的方式控制钢筋间距。
　4 胎架上宜标记预埋件位置和类型或设置定位工装。
　5 钢筋胎架制作完成后应按设计图纸和验收标准组织验收；施工过程中应定期对胎架尺寸、变形等进行检测。

5.2.4 钢筋下料应符合下列规定：
　1 钢筋表面应洁净、无损伤，使用前应将表面油渍、漆皮、鳞锈等清除干净，不得采用化学除锈剂除锈，不得使用带有颗粒状或片状老锈的钢筋。
　2 应按照设计图纸确定钢筋规格、尺寸、下料长度，制作配料单，由现场技术管理人员复核确认后下发，鼓励使用BIM等先进技术进行钢筋配料单制作，钢筋配料单见附录A。
　3 钢筋较复杂、较密集处应通过实地放样和绑扎明确钢筋间的空间位置关系，确定钢筋加工尺寸。
　4 钢筋应平直、无局部弯折，盘条钢筋应调直使用。

5.2.5 钢筋半成品制作及验收应符合下列规定：
　1 采用数控设备进行钢筋切割、车丝、打磨、弯曲等工作；设置半成品钢筋标准件检验台，每工班开始时均应与标准件进行对比验收。
　2 加工完成的半成品钢筋采用与标准件对比的方式检查验收；验收组批、频率应符合现行《公路桥涵施工技术规范》（JTG/T 3650）中的相关规定。

5.2.6 钢筋半成品存放及配送应符合下列规定：
　1 半成品验收完成后应分类进行捆绑打包、编号，并整齐有序进行货架式存放（见第4.6节）；捆绑的圆形箍筋和钢筋笼的叠放层数不应大于2层。
　2 半成品出库应有出库登记制度，采用登记表对钢筋出场编号进行登记；可借助物联网等先进信息管理技术进行收发料的管理。
　3 箍筋、剪力筋等小尺寸钢筋半成品可采用铁皮箱进行配送；大尺寸钢筋半成品应使用平板车进行运输，平板车两侧应加装护栏；配送过程中应避免出现碰撞、变形等问题。

5.2.7 钢筋模块制作应符合下列规定：
　1 构件钢筋应依据图纸，科学合理地进行模块化设计，采用机器人焊接。
　2 小箱梁的顶板箍筋和桥面剪力筋、腹板和底板钢筋、负弯矩钢筋、梁顶护栏预埋筋宜采用模块化施工。

3 大箱梁的齿块钢筋、波纹管定位钢筋宜采用模块化施工。

4 节段梁的底板和腹板钢筋、钢齿坎孔定位钢筋宜采用模块化施工。

5 T梁的顶板箍筋和桥面剪力筋，腹板架立筋、马蹄筋、波纹管定位筋，负弯矩齿块钢筋宜采用模块化施工。

6 机器人焊接胎架应根据模块钢筋组合和焊接机器人型号，由机器人厂家设计制作；胎架的强度、稳定性、精度应满足使用要求；机器人安装到位后应先进行试焊，确定相关焊接参数，试焊质量应经检测符合设计和规范要求后方可正式生产。

5.2.8 钢筋骨架制作应符合下列规定：

1 严格运用胎架进行钢筋的定位和安装。

2 编制预埋件专用清单和专用图册，采用预埋专用定位工装或有效定位措施，提高预埋精度。

3 预埋钢筋应和骨架钢筋同步完成，当预埋钢筋外露时间较长且环境腐蚀性较强时，宜按照附录C要求进行临时性防腐。

5.2.9 保护层垫块安装应符合下列规定：

1 混凝土保护层垫块应采用不低于本体混凝土强度的高强砂浆或混凝土制作。

2 垫块应呈梅花形布置，尽量靠近钢筋交叉点处；垫块数量应不少于4个/m²，重要部位适当加密。

3 垫块应安装牢固，绑扎丝头不得朝向外露面。

4 保护层垫块应在钢筋骨架制作时同步安装，完成后应对整个钢筋骨架进行专项验收，应满足现行《公路工程质量检验评定标准 第一册 土建工程》（JTG F80/1）中的相关要求。

5.2.10 钢筋骨架吊运应符合下列规定：

1 钢筋骨架起吊应进行专项设计，采用专用吊具，吊具应有足够的刚度，防止钢筋骨架在吊运中产生变形。

2 吊点附近的钢筋应进行加强设计，如点焊连接、增加绑线根数并加入短钢筋等。

3 钢筋骨架起吊前应仔细调整各吊点，松紧程度基本保持一致；钢筋骨架吊离胎架100mm时应再次检查，并调整各吊点使其受力均匀。

5.2.11 钢筋骨架安装应符合下列规定：

1 吊装就位前，在钢筋骨架上标注纵向中心线，同时在模板内标注梁端线及纵向中心线，控制钢筋骨架的安装位置。

2 入模前应检查保护层垫块，检查无误后将钢筋骨架下放到位。

3 钢筋骨架应匀速下放，避免上下振动造成变形。

4 安装后应检查骨架标注线和模板标注线，使之重合。
5 钢筋骨架入模后应再次检查保护层垫块，及时扶正、更换垫块。
6 钢筋骨架安装后应对安装质量进行检查验收。

5.2.12 钢筋工程质量通病及防治措施可按表5-2规定执行。

表5-2 钢筋工程质量通病及防治措施

序号	质量通病	防治措施
1	堆放、防护不当，造成钢筋变形、表面锈蚀	封闭式厂房分类、支垫堆放；保持场地内干燥
2	钢筋下料长度、弯曲角度不符合规范要求	采用自动化数控设备
3	钢筋弯曲角度误差波动大	制作标准比对件，加强比对频率；及时更换设备磨损配件
4	钢筋焊接存在咬边、夹渣、气孔、焊缝长度不足等质量问题	提高焊工技能，加强焊接质量检查；采用CO_2气体保护焊、机器人焊接等先进焊接工艺
5	钢筋丝头存在断牙、秃牙，丝头长度过长或过短、端头不平整、变形；现场连接不合格	采用车丝打磨一体机，严格按照使用要求更换刀头；加强现场检测
6	钢筋骨架安装误差大	严禁散绑，采用专用胎架进安装绑扎
7	钢筋胎架刚度、强度、稳定性不足，尺寸误差大	设计钢筋胎架时进行刚度、强度、稳定性验算；钢筋胎架按照设计图纸和钢筋构造图进行验收，严格控制定位装置的尺寸误差
8	钢筋骨架刚度不足、吊装变形	增加辅助钢筋提高骨架刚度；优化吊点设计，避免吊点应力集中导致钢筋骨架变形；加强骨架起吊、下放、平移速度的控制
9	螺旋筋定位不准确	螺旋筋安装时紧贴锚垫板，并使用定位钢筋进行固定，避免在后续施工中产生移位
10	预埋件安装精度不足	编制预埋件安装手册，指派专人负责预埋件的检查验收

5.3 混凝土工程

5.3.1 混凝土施工工艺流程包括料源比选、配合比设计及验证、原材料进场检验、堆放储存、混凝土拌和及运输、现场性能检验、浇筑、养生、凿毛、成品质量检验。

5.3.2 原材料除应满足现行《公路桥涵施工技术规范》（JTG/T 3650）的规定外，尚应符合下列规定：
1 原材料情况应进行调查和取样试验，择优选择。
2 每批次进场材料应首先与样品材料进行外观对比，以控制材料来源稳定性。
3 集料加工应采用三级及三级以上的破碎工艺，粗集料应进行整形。

5.3.3 配合比设计及验证应符合下列规定：

1 配合比应按照现行《公路桥涵施工技术规范》（JTG/T 3650）进行计算，并通过试配、调整确定，每半年验证一次；料源发生变化时应重新验证。

2 混凝土进行试配、调整时应采用与工程相同的原材料；混凝土工作性能应满足和易性良好、凝结时间合理、无泌水、不离析、坍落度损失较小等要求；硬化混凝土性能应符合强度、弹性模量、耐久性（抗冻、抗渗、抗侵蚀）以及经济合理性等规定。

3 混凝土试配、调整确定的设计配合比应报监理单位审批；混凝土拌制前应将设计配合比换算为施工配合比。

4 施工配合比应充分考虑运输过程中的坍落度损失和实际施工温度等因素进行动态优化调整。

5.3.4 原材料进场检验应符合下列规定：

1 原材料进场后，宜使用信息化系统（手机应用程序或电脑程序）进行材料报验，记录报验全过程。

2 水泥、掺合料、外加剂等材料应进行留样，并制作对应的信息化留样标识。

3 粗集料宜每半年或在材料发生变化时进行碱集料反应和氯离子含量检测；细集料宜每半年或在材料发生变化时进行碱集料反应检测；细集料宜每批次检测氯离子含量。

5.3.5 原材料堆放除应符合第4.6节规定外，尚应满足下列要求：

1 水泥应使用散装水泥，采用专用水泥罐存储；不同品种、强度等级的水泥应分别存储，并配材料标识牌。

2 粗细集料应按不同品种、规格分别存放，料仓应设置起铲线和堆料线。

3 混凝土掺合料应防潮防雨，分类堆放，并配材料标识牌。

4 粉状外加剂应防潮防雨；液态外加剂应存储在密封容器内，防晒防冻，并配备循环系统防止沉淀等异常现象发生。

5.3.6 混凝土拌和应符合下列规定：

1 混凝土拌和站应采用自动计量系统，并按相关规定定期标定。

2 混凝土拌和时间应不少于120s，高强混凝土拌和时间宜适当延长30~60s。

3 拌和站宜设置配合比标示牌（屏），内容包括使用部位，设计强度，配合比参数，试验监理、质检及试验负责人等；试验室应提供每次开盘的配合比通知单，并严格按通知单进行混凝土拌和。

4 宜采用信息化系统进行混凝土拌和全过程监测。拌和机出料口宜设置温度传感器，监控出料温度。

5 高温施工尚应符合下列规定：

1）水泥、砂石材料宜采取降温措施。

2) 外加剂组分宜适当调整，保持混凝土工作性能。

3) 混凝土罐车应具备隔热措施并持续拌和。

4) 混凝土拌和、运输、浇筑应避开白天最高温度，宜在夜间进行混凝土施工。

6 冬期施工尚应符合下列规定：

1) 混凝土拌和时间应适当延长，不宜少于180s。

2) 混凝土拌和前，应先经过热工计算，并经试拌确定水和集料需要预热的最高温度，以满足混凝土入模温度5～30℃要求；集料使用温度应高于0℃，不得带有冰雪和冻结团块；当混凝土出现坍落度减小或速凝现象时，应调整拌和料预热温度。

3) 初次投料前，应先用热水冲洗拌和机；投料及拌和顺序为"投集料→加水→拌和→加胶材→拌和"。

5.3.7 混凝土运输应符合下列规定：

1 运输过程中，应控制混凝土不离析、不分层，性能满足施工要求。

2 采用拌和罐车运送混凝土时，拌和罐应有保温措施。

3 采用泵送混凝土时，应符合现行《混凝土泵送施工技术规程》（JGJ/T 10）的有关规定。

5.3.8 混凝土现场性能检验应符合下列规定：

1 应在拌和地点及浇筑地点分别取样检测坍落度，每一工班或每一单元结构物不应少于两次，评定时应以浇筑地点的测值为准；检测坍落度时，还应观察、检查混凝土的均匀性、黏聚性和保水性。

2 若混凝土从拌和机出料起至浇筑入模的时间不超过15min，坍落度检测应仅在拌和地点取样。

5.3.9 混凝土浇筑应符合下列规定：

1 宜采用浇筑平台进行浇筑作业。

2 宜配备活动式防雨（遮阳）棚，并配置相应的布料设备。

3 宜根据梁型特点选择振捣方式。

4 宜采用二次收浆工艺提高收浆质量。

5 宜安排专人对模板变形、接缝漏浆、胀模等异常情况进行检查。

5.3.10 混凝土构件养生应符合下列规定：

1 养生宜采用智能喷淋系统，鼓励搭设固定或移动大棚进行保温保湿；养生记录及温湿度记录应实时展示或上传数据。

2 冬期养生宜采用蒸汽发生机、锅炉等蒸汽养生装置，并设置固定或可移动式大棚进行保温保湿，养生记录及温湿度记录实时展示或数据上传。

3 养生棚内应设置同条件养生试块随梁体同步养生，并设置试块架。

5.3.11 混凝土构件凿毛应符合下列规定：

1 应根据构件不同部位选择合适的凿毛方法，采用手持式电动凿毛机、气动凿毛设备或高压水枪进行凿毛；不便使用凿毛机具的部位，宜采用免凿毛止浆带。

2 凿毛前宜采用弹线法标出凿毛范围，距离凿毛断面边缘小范围内（不大于2cm）可不做凿毛处理，避免凿毛破坏断面边缘。

3 凿毛部位的混凝土表皮应全部清除形成毛面，并采用洁净水冲洗干净。

4 凿毛质量可参照附录 D 进行分级评定。

5.3.12 成品质量检验应符合下列规定：

1 预制构件的外观质量可参照附录 E 进行分级评定，评价等级为 C 级或有单项得分为 0 时，宜返工处理。

2 预制构件的结构尺寸宜采用激光扫描技术进行全方位检测。

5.3.13 混凝土工程质量通病及防治措施可按表 5-3 规定执行。

表 5-3 混凝土工程质量通病及防治措施

序号	质量通病	防治措施
1	集料、掺合料等原材料质量差、不稳定	优化集料加工工艺，选择先进的加工设备；控制料源，选择合格的母材；严格按照规范，加大检测频率，优选掺合料类型
2	混凝土性能不稳定	根据原材料情况及时调整施工配合比；选择合适的拌和机械，加强拌和设备的保养维修，及时标定称量设备；加强拌和工艺控制，采用信息化预警手段
3	振捣控制不严，存在漏振、过振或振捣时间不足	优化振捣工艺，加强现场管理，严格控制振捣工艺；固化振捣人员，加强振捣人员的教育、培训、交底、考核
4	锚下混凝土存在不密实、漏浆	加强振捣控制，确保不漏振；通过预留振捣孔插入小型振捣棒加强振捣；优化锚下钢筋设计，锚下钢筋搭接位置放于两边，并且错开布置，确保钢筋间距能够下放振动棒；优化止浆措施，确保止浆措施得当
5	收面高低不平，表面拉毛不顺直、深浅不一	加强作业人员教育，严格落实收浆工艺；改进收浆工艺
6	梁边、角易损坏	优化设计，如采用边角圆弧化等措施；综合分析考虑各种因素，明确拆模要点，确定合适拆模时间
7	构件表面蜂窝麻面、存在色差	控制外加剂的使用；选择合适的脱模剂；做好模板的拼缝止浆；严格控制振捣时间，加强特殊部位的振捣；严格控制拆模和养生时间等
8	混凝土表面存在收缩裂缝	优化施工配合比；加强养生质量控制；加强收面、拉毛等工序控制

5.4 预应力工程

5.4.1 预应力施工工艺流程包括材料进场、材料堆放、管道安装、设备、工艺试验、张拉、压浆、封锚。

5.4.2 预应力材料进场应有合格证书；压浆材料应由专业厂家生产；预应力材料使用前应按规定进行检验。

5.4.3 预应力材料堆放应符合下列规定：
1 预应力材料宜存放于专用仓库内。
2 预应力筋存放应符合第5.2.2条的规定。
3 压浆料包装应完好无损，存放于仓库内，仓库的环境条件应符合产品说明书的要求。存放时间不宜超过3个月（从生产日期起算），超过3个月的应重新检验。
4 金属波纹管应有防潮措施，塑料波纹管应有防晒措施。

5.4.4 预应力管道安装应符合下列规定：
1 预应力管道安装宜采用"井"字形等四边固定的定位方式，并在胎架上每隔一段距离标识各类管道的坐标值。
2 管道应安装平顺，端部中心线与锚垫板垂直；定位筋（架）间距在直线段不应大于80cm，曲线段和扁平波纹管不应大于50cm；安装完成后，应对管道的完整性、定位和连接进行检查。
3 塑料波纹管连接应采用标准件（专用连接接头）。
4 端部负弯矩预应力波纹管预留长度宜为5~10cm，并包裹保护。
5 混凝土浇筑前，应在管道内穿芯棒或硬塑料管，芯棒或硬塑料管直径比管道内径小约1cm。
6 混凝土养生前，应采用专用止水塞封堵管道出入口和压浆孔。

5.4.5 预应力设备应符合下列规定：
1 预应力张拉和压浆应分别采用智能化张拉系统和智能化压浆系统。
2 智能化张拉系统应包括张拉设备、数据管理系统和自动记录系统等。
3 智能化压浆系统应包括压浆设备、数据管理系统、自动计量设备和自动记录系统等。
4 数据管理系统应具有数据导出和网络上传（包括实时上传、每月上传、汇总上传）等功能。
5 张拉用的千斤顶、感应器应按规范要求成套进行标定，智能张拉设备宜具备信息化预警功能，当张拉达到300次或6个月时自动报警。
6 预应力张拉自动记录系统应能实时自动记录张拉油压或油缸顶压力、张拉伸长值、时间等数据；其技术参数精度应满足表5-4的规定。

表5-4 智能化张拉设备自动记录系统技术参数精度要求

项 目	精度要求	项 目	精度要求
张拉油压或油缸顶压强（MPa）	≤0.1	时间（s）	≤1
张拉伸长值（mm）	≤0.1		

7 预应力压浆自动记录系统应能显示配合比、压浆日期、拌和时间，自动记录压浆量、压浆压力、时间等数据；其技术参数应满足表 5-5 的规定。

表 5-5 智能化压浆设备自动记录系统技术参数精度要求

项　　目	精度要求	项　　目	精度要求
压浆量（L）	≤0.5	时间（s）	≤1
压浆压强（MPa）	≤0.01	真空度（MPa）	≤0.01

注：真空度参数用于真空辅助压浆。

5.4.6 预应力工艺试验应符合下列规定：

1 张拉力计算参数应通过孔道摩阻试验确定，不得直接取用设计图纸上的经验值。
2 宜通过工艺试验检验张拉和压浆设备的可靠性。
3 宜通过工艺试验验证制浆工艺，确定浆液的最佳配合比。

5.4.7 预应力张拉应符合下列规定：

1 预应力筋穿束前应吹干管道。
2 张拉前应检查张拉设备是否符合要求。
3 预应力筋的张拉顺序应符合设计规定；设计未规定时，可采取分批、分阶段的方式两端对称同步张拉。
4 张拉时的安全防护措施应符合第 4.8.3 条要求；张拉两端相距较远时，应配备对讲机等通信设备。

5.4.8 预应力压浆应符合下列规定：

1 预应力压浆宜采用循环压浆或真空辅助压浆工艺。
2 锚垫板原材料宜检查注浆孔丝口连接密封抗压性能；锚垫板安装时，注浆孔应置于孔道口上方；压浆宜从低处注浆孔压入。
3 压浆设备宜设置在预制区外固定位置；设置在预制区内时，应采取隔离措施，防止废弃浆液溢流。
4 压浆泵与孔道压浆口之间的管路应采用承压管，管路连接应采用定型金属连接件。
5 压浆时应对现场浆液取样、留存，判断浆液的泌水、膨胀性能。
6 安装在压浆端及出浆端的控制阀应在压浆料失去流动性后再行拆除。
7 压浆完成后宜进行补偿注浆工艺。
8 未压浆的注浆孔，不得人为封闭。
9 应采用无损检测或设置检测管的方法对压浆密实性进行检测。预应力管道安装时，宜根据设计规定设置检测管和排气管；设计无规定时，检测管宜设置在预应力管道的最高点。

5.4.9 预应力封锚应符合下列规定：

1 压浆后，对于切割端头的预应力筋，切割时宜采用砂轮锯，不得采用电弧切割；预应力筋切割后的外露长度不应小于30mm，且不小于1.5倍预应力筋直径；预应力筋和锚具的外露部位应及时进行防腐和防锈处理，可采用混凝土完全包裹外露部位，并浇筑成规整形状。

2 封端混凝土应按设计要求设置钢筋网并浇筑，应采用微膨胀混凝土，强度等级与构件相同。

5.4.10 预应力施工质量检验宜符合下列规定：

1 施工单位宜在张拉完毕后24h内进行锚下有效预应力的自检，自检构件数量宜不少于构件总数的1%且不少于3个，检验前不得对预应力筋进行切割；锚下有效预应力和设计张拉控制应力的相对偏差不超过±5%，且同一断面中的预应力束的有效预应力不均匀度不应超过±2%；锚下有效预应力不满足上述规定时，不足的应进行补张拉，超张拉的应更换预应力筋进行重新张拉。

2 施工单位宜对压浆密实性进行自检，自检压浆孔道数量不少于总孔道数的3%，且不少于3个。压浆率按式（5-1）计算；压浆密实性测点间距为10～20cm，压浆率不小于90%且单个缺陷长度不超过20cm，否则应进行补浆处理。补浆后重新评价，仍小于90%的，应报废处理。

$$D = \frac{1}{N}\sum_{i=1}^{N}\beta_i \times 100 \qquad (5-1)$$

式中：D——压浆率计算值（%）；

N——定位测点的点数；

i——定位测点编号；

β——测点的压浆状态，无缺陷时取1；有缺陷时应根据表5-6确定。

表5-6 不同缺陷的 β 取值

管道类型	测试方向	等效波速	管壁反射	缺陷长度（m）	β值
金属波纹管	侧向	降低5%～10%	—	≤0.4	0.5
		降低10%以上	—	—	0
	上下	降低10%～15%	—	≤0.4	0.5
		降低15%以上	—	>0.4	0
塑料波纹管	侧向	降低5%～10%	无明显反射	≤0.4	0.5
			有一定反射	—	0
		降低10%以上	—	—	0
	上下	降低10%～15%	无明显反射	≤0.4	0.5
		降低15%以上		>0.4	0
		降低15%以上	有一定反射	—	0

5.4.11 预应力工程质量通病及防治措施可按表 5-7 规定执行。

表 5-7 预应力工程质量通病及防治措施

序号	质 量 通 病	防 治 措 施
1	伸长量偏差过大	做好预应力工艺试验；采用智能张拉设备并定期做好标定；孔道质量控制（波纹管定位、管道清理等）
2	限位板与锚具不配套	根据锚夹具特点，定制相应限位板
3	梁端负弯矩孔道连接不严密	波纹管统一伸出 5～10cm
4	焊接烧伤波纹管	焊接时，采用隔离波纹管措施
5	配件疲劳受损，未及时更换	定期检查张拉作业相关配件，及时更换有隐患的配件
6	张拉端口周围钢筋间距过小，无法用千斤顶进行张拉	优化设计，采取类似引伸张拉的措施，预制锚架与张拉端口的锚垫板贴合密实，在锚架外侧进行张拉
7	预应力孔道积水	孔道端部使用防水活塞等封堵
8	压浆不饱满	选择合格压浆料；孔道清理；浆液性能质量控制；进行交底，严格压浆过程管控，加强检测
9	封锚质量差	制定预应力封锚标准，采用真空压浆帽封锚；底座端头增加可移动拼接式梁底接头，方便梁板封梁头施工；可优化设计采用深埋锚
10	张拉后梁端底部混凝土开裂	可考虑将台座底模端头一定长度范围设计成简支结构，张拉时可以释放支撑；设计环节加强局部构造

5.5 构件转运和存放

5.5.1 构件转运和存放的工艺流程包括运转方式及设备选型、运转过程控制要求、存放方式、防护要求、存放时间要求。

5.5.2 转运方式及设备选型应符合下列规定：
1 预制构件场内转运方式分轮胎式和轨道式两种，转运设备包括通用门式起重机、搬运机、履带起重机、汽车吊、运梁炮车。
2 设备选型应遵循"安全性、便利性、经济性"原则，充分考虑预制场地面积、运输路线、气象条件和预制构件的重量、数量、结构形式、尺寸大小等因素，起吊设备宜具备安全监控功能，不得使用无出厂合格证、检验合格证的设备。
3 宜结合实际引入设备专项安全顾问服务，充分发挥社会专业力量参与设备选型和日常安全管理。

5.5.3 运转过程应符合下列规定：
1 预制构件转运的吊点和支点位置应符合设计规定，设计未规定时，应根据计算确定。当设置吊环时，吊环必须采用未经冷拉的 HPB300 钢筋制作且顺直。吊绳与起吊构件的交角小于 60°时，应设置吊架或起吊扁担，使吊环垂直受力。

2 预制构件转运前应详细调查运输路线（平整度、车流量、转弯半径、限高限宽）和存放、使用区域可能存在的影响因素，提出相应的防控措施；按照构件预制先后顺序依次运转。

3 转运过程中应提前在各接触点做好柔性保护；起吊、运输、放置过程中应严格控制速度；运输过程中应至少采取两种锚固措施，避免发生磨损、碰撞、倾覆；必要时应安排专车开道或交通管制。

4 梁在运输时应按高度方向竖立放置，并应有防倾倒措施；装卸梁时，必须在支撑稳妥后卸除吊钩。

5 采用平板拖车或超长拖车运输大型梁板时，车长应满足支点间的距离要求，支点处应设活动转盘防止搓伤构件；运输道路应平整，如有坑洼、高低不平时，应事先处理平整。

6 预制构件移动和吊装前，已进行孔道压浆的梁体，其浆体强度应符合设计要求；设计未要求时，浆体强度不应低于设计强度的 80%。

5.5.4 预制构件堆放应符合下列规定：
1 存放时，梁端容许悬出长度应满足设计要求。
2 箱梁宜采用四点支撑；T 梁等单端单点支撑的梁体，应采取防倾覆措施。
3 存放时，应充分考虑构件自重、基础承载力、存放时长及使用先后顺序；存放区域应排水畅通、坚固稳定，并做好沉降观测。
4 存放层数应符合设计要求；设计未要求时，构件存放不宜超过 2 层。

5.5.5 预制构件防护应符合下列规定：
1 预制构件吊装时应使用专用吊具，必要时应对吊具进行结构探伤检测并定期检查和保养；吊装过程中，宜采用缆风绳牵引增强构件稳定性；吊装时钢丝绳与梁体不得直接接触，必须采用软隔离措施。
2 梁段落在运梁车上时，梁底与运梁车支承点应垫放硬木或橡胶块，并进行加固处理。
3 不得在混凝土的表面或棱角上用锤敲打，宜定期对梁板进行检查、修复。

5.5.6 预制构件存放时间应符合设计规定；设计未规定时，应参照后续章节中各梁型的存放要求。

5.5.7 对未达养生时间的构件，应在存放时继续养生。

6 小箱梁质量提升要点

6.1 模板工程

6.1.1 模板工程提升要点包括下列方面：
1 提高施工便利性。
2 减小模板变形。
3 防止浇筑过程中内模上浮。
4 防止浇筑过程中梁体端部漏浆。
5 提高外露钢筋及预埋件定位精度。
6 提升预制构件混凝土外观质量。

6.1.2 模板设计应符合下列规定：
1 模板应进行专项设计，设计应参照现行《组合钢模板技术规范》（GB/T 50214），面板厚度不小于5mm。
2 底模台座宜采用工字钢制作，便于设置反拱和布设养生管线。
3 侧模翼缘板位置应设计梳齿板，背面预留附着式振捣器安装位、上下对拉螺杆安装孔。
4 内模宜采用抽拉式液压系统设计。
5 端模分成顶板端模、两侧腹板端模和底板端模四个部分，正面外露钢筋预留孔与钢筋之间的间隙按3mm设计；对于斜交小箱梁，顶板、底板端模应根据斜交角度设计成折线形。

6.1.3 模板制作应保证外模及底模面板平整度不大于3mm。

6.1.4 模板安装和拆除应符合下列规定：
1 模板边角处应粘贴止浆条，侧模梳齿板处的止浆条应固定牢固。
2 模板安装完成后，应按现行《公路桥涵施工技术规范》（JTG/T 3650）进行检查。
3 顶板钢筋骨架入模后，翼缘板外露钢筋可采用图6-1等措施进行固定，内模抗浮的锚固措施应专项设计。
4 内模拆除时，梁端底板外侧应设置支垫，防止内模直接落在外露钢筋上。

图 6-1 纵向压杠

6.2 钢筋工程

6.2.1 钢筋工程提升要点包括下列方面：
1 提升钢筋加工质量。
2 提高钢筋定位精度。
3 提升钢筋保护层厚度控制。

6.2.2 胎架的制作与安装应符合下列规定：
1 钢筋定位胎架专项设计应综合考虑胎架精度和施工便利性。
2 底、腹板钢筋定位胎架如图 6-2 所示，应采用型钢桁架结构；主体结构应具备足够的刚度，其材料选用不宜低于下列要求：
  1）主体结构选用 [10 槽钢焊接。
  2）腹板箍筋定位型钢选用 ∠80mm×80mm×8mm 角钢。

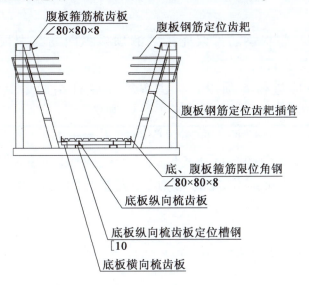

图 6-2 底、腹板钢筋胎架（尺寸单位：mm）

3）腹板箍筋底部限位型钢选用∠80mm×80mm×8mm角钢。
4）腹板纵向水平筋定位齿耙选用φ16圆钢。
5）底板横、纵向定位梳齿板选用6mm厚钢板。

3 顶板钢筋定位胎架如图6-3所示，应采用型钢框架结构；主体结构应具备足够的强度和刚度，应选用不低于［10槽钢焊接；顶板面筋定位梳齿板选用不低于6mm厚钢板。

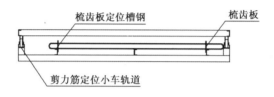

图6-3 顶板钢筋定位胎架

4 底腹板和顶板钢筋定位齿槽宽度应按钢筋直径+3mm设计，位置偏差不超过2mm；腹板纵向水平筋定位齿耙插管内径应按齿耙直径+3mm设计，位置偏差不超过2mm。

6.2.3 钢筋骨架制作应符合下列规定：

1 钢筋安装施工前，应根据设计图纸制作每片梁的预埋件清单，清单应包含预埋件部位、类型及数量等内容。
2 护栏预埋钢筋模块应采用定位装置进行定位。
3 底、腹板和顶板钢筋骨架宜分别进行绑扎。
4 腹板位置选用圆形保护层垫块，其余位置选用梅花形保护层垫块。

6.2.4 钢筋骨架吊装应符合下列规定：

1 底、腹板和顶板钢筋骨架宜分别吊装；顶板钢筋骨架应在内模安装完成后吊装就位。
2 顶板钢筋骨架与腹板钢筋骨架连接处的顶板纵向筋与腹板箍筋应采用点焊进行加固，点焊间距不应大于1m。
3 钢筋骨架吊具应进行专项设计，由纵梁及弦杆组成。纵梁材料应选用不低于18mm×12mm方管，弦杆材料应选用不低于［8槽钢。
4 吊点应对称布设，顺梁长方向布置间距应不大于1m。
5 吊耳应采用字形安全钩、自动复位式开合机构和自锁插销进行连接。
6 针对负弯矩槽口对应位置的吊点，应适当加长吊绳，保证所有吊点受力均衡。

6.2.5 钢筋骨架入模应符合第5.2.11条的规定。

6.3 混凝土工程

6.3.1 混凝土工程提升要点包括下列方面：
1 提升混凝土工作性。
2 减小混凝土强度离散性。
3 提升混凝土外观质量。

6.3.2 应根据拌和地点与预制厂的距离、钢筋布置情况、振捣方式等因素确定合适的混凝土坍落度。混凝土入模坍落度控制在120~180mm，底板及腹板宜采用上限值；顶板宜采用下限值。

6.3.3 混凝土浇筑应符合下列规定：
1 如图6-4所示，按照"底板→腹板→顶板"的顺序连续浇筑混凝土；如图6-5所示，在距梁端4~5m（梁长30m）处开始向梁中部布料，且两端交替布料。

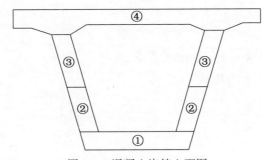

图6-4 混凝土浇筑立面图
注：序号①~④表示浇筑顺序。

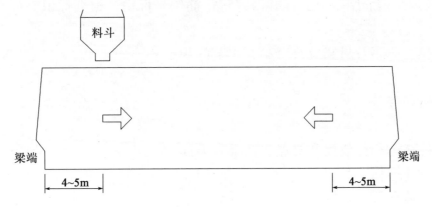

图6-5 混凝土浇筑侧面图

2 混凝土振捣应符合下列规定：
1）有条件时，底板宜设置附着式振捣器。
2）腹板应采用附着式振捣器为主、插入式振捣器为辅的方式进行振捣。附着式振捣器按1.5m间距布置在两侧的侧模上，振捣和间断时间根据工艺试验确定。

3）顶板应采用插入式振捣器振捣，不得使用附着式振捣器。
4）张拉槽口、横隔板等钢筋密集处应采用插入式振捣器振捣，型号选择30型或50型。

3 混凝土浇筑宜连续进行，总浇筑时间控制在2~4h。

6.3.4 顶面平整度控制应符合下列规定：

1 顶面收面宜采用一次提浆、两次抹面，并应符合下列规定：

1）顶面提浆宜采用手持式提浆机，覆盖梁顶全范围。

2）提浆后，应立即进行第一次抹面，平整度不大于5mm；初凝前定浆后，应进行第二次收面。

2 拉毛时机和工艺应通过工艺试验确定；拉毛宜使用钢丝刷等硬刷，拉毛深度1~2mm，纹理宽度2~3mm。

3 混凝土养生应符合第5.3.10条的规定，养生时间应符合设计规定；设计未规定时，常温下养生时间不应少于7天。

6.4 预应力工程

6.4.1 预应力工程提升要点包括下列方面：
1 提高预应力管道、锚垫板定位精度。
2 提升预应力张拉质量。
3 提升预应力压浆质量。

6.4.2 管道定位筋宜采用整体式定位胎架焊接，根据设计图纸分类加工，加工完成后应进行编号，在钢筋胎架上放样并做好定位筋编号标识，根据标识对号安装定位筋。

6.4.3 张拉、压浆及封锚应符合第5.4节的规定。

6.5 构件转运和存放

6.5.1 构件转运和存放提升要点包括下列方面：
1 防止梁体损伤。
2 保证梁体存放稳定性。

6.5.2 构件转运应符合下列规定：

1 预应力管道压浆强度达到规定强度后方可进行转运。场地内转运应采用门式起重机，采用双机抬吊的起吊设备，其合计额定起吊重量不小于最大梁重的1.5倍。

2 起吊时应注意吊点位置的选择，吊点一般设置在梁体支座的对应位置。

6.5.3 构件存放应符合下列规定：

1 存梁台座宜高出地面 200mm 以上，支点位置应符合设计规定。

2 异形小箱梁应根据结构形式增加侧面支撑。

3 不同类型的小箱梁（异形梁、非等长梁）应分类存放，防止因尺寸差异造成支点处受力不均。同类型的小箱梁叠加存放层数不宜超过两层，顶层为边梁时应加设临时支撑。

4 小箱梁与存梁台座之间宜采用橡胶垫，梁与梁之间可采用钢枕加橡胶垫。

5 小箱梁存放时间应符合设计要求；设计未要求时，存放时间不宜超过 3 个月，特殊情况下不应超过 5 个月。

7 大箱梁质量提升要点

7.1 模板工程

7.1.1 模板工程提升要点包括下列方面：
1 提高模板安拆便捷性。
2 减小模板变形。
3 提升外观质量。

7.1.2 模板设计应符合下列规定：

1 箱梁模板应按"自动化、快捷化、标准化"原则进行设计，内、外模和底模按梁长整体化设计，与制梁台座一一对应匹配；模板结构应按无拉杆形式设计。

2 箱梁模板主要分为外侧模、内模、底模和端模四个部分。为适应梁体长度的微小变化，应采用外模包端模的形式。

3 箱梁内模设计应为全自动液压机构，即采用液压油缸调整内模缩张，模板可沿纵、横向轨道滑移实现安拆。

4 为提高模板使用率、降低施工成本，相同梁型、两个相邻制梁台座宜共用一套箱梁内模，台座布置方式如图 7-1 所示。

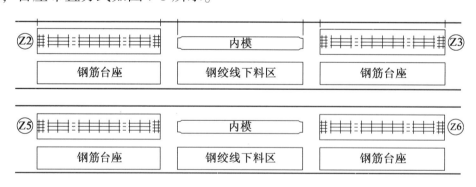

图 7-1 台座布置示意图

5 端模预埋筋的预留孔尺寸与钢筋的间隙应按 5mm 设计，间隙封堵应采用聚氨酯发泡剂。

6 端模、底模和侧模的模板容许挠度值应不大于 $L/400$（L 为模板构件计算跨度），钢模板的面板 2m 范围内容许变形不大于 1.0mm。

7 端模与底、侧模之间空隙应设置密封条，保证梁体棱角分明。密封条采用有压缩性的止水橡胶结构。

8 箱梁支座预埋板在预制时，应设置为与桥梁纵坡一致的坡度；预埋板处设置一活动底模，活动底模通过固定在台座上的调整螺栓形成预定坡度，其与箱梁底模之间空隙通过砂浆等物质堵塞，防止漏浆。

7.1.3 模板制作应符合下列规定：

1 模板外模及底模面板平整度不宜大于3mm。

2 箱梁端模预留孔尺寸制作偏差不宜大于1mm，孔位之间相对偏差不宜大于2mm。

7.1.4 模板安装和拆除应符合下列规定：

1 模板组拼拼缝之间的错台不宜大于1mm。

2 箱梁内模宜比箱梁端面长出350mm，满足曲线梁调整及止浆的要求；内模采用不小于5t的卷扬机进行整体滑移脱模。

3 端模拆除时，采用千斤顶同步顶推整体脱模。

7.2 钢筋工程

7.2.1 钢筋工程提升要点包括下列方面：

1 提高钢筋绑扎的精度。

2 减小钢筋骨架吊装过程中的变形。

3 提高钢筋保护层的合格率。

7.2.2 大箱梁钢筋骨架在钢筋定位胎架上进行定位绑扎，定位胎架为整体式胎架或底腹板、顶板分离式胎架；钢筋骨架绑扎完成后，选用两台门式起重机整体抬吊，两台门式起重机起重能力不小于骨架重量的1.25倍。

7.2.3 胎架的制作与安装应符合下列规定：

1 箱梁钢筋定位胎架应选用型钢桁架结构形式，如图7-2所示，其组成包括底胎具、侧胎具、内胎具结构，内胎具设置为活动式桁架结构。胎架结构应满足刚度要求，其材料选型不应低于下列要求：

1）侧胎具支撑架选用[14槽钢，定位角钢选用2∠63mm×63mm×6mm。

2）内胎具支撑架选用$\phi 48 \times 3.5$钢管或2∠63mm×63mm×6mm角钢，定位角钢选用2∠63mm×63mm×6mm，内胎具支撑架底部宜设置可调节螺杆+滚轮底座。

3）腹板内侧钢筋选用梳形定位卡具，卡具材料选用圆管。

2 定位角钢应设置为横向和纵向，定位角钢上设置定位卡槽，槽口可为梯形或矩形，槽底尺寸比钢筋直径大3mm。

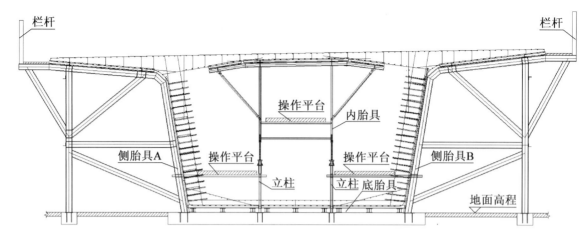

图 7-2 胎具布置样图

3 定位胎架的纵向定位角钢应每隔 4~6m 设置 1 个 5~10mm 的伸缩口，避免昼夜温差引起变形。

4 顶板、腹板和底板限位与钢筋安装理论位置误差应不大于 2mm，同一截面纵向钢筋卡槽平面偏差应不大于 2mm。

7.2.4 钢筋安装应符合下列规定：

1 箱梁施工前，应充分分析钢筋设计图纸，选取预应力齿块或其他单元进行模块化设计，通过工艺试验模拟模块化施工的可行性。

2 箱梁施工前，应根据设计图纸制作每片箱梁上的预埋件（筋）清单，并在现场设置一梁一清单，清单包括但不限于"部位、类型及数量"等内容，不得遗漏预埋件（筋）；根据施工情况，在设计单位同意的前提下，可设置施工临时预留孔。

3 单片箱梁主体预埋件（筋）包括支座预埋钢板、通风孔、泄水孔、综合接地措施、护栏预埋筋、交通设施预埋筋、伸缩装置预埋筋、湿接缝预埋筋（钢板）等，临时预留孔一般包括吊点预留孔、张拉压浆预留孔、进人孔等。临时预留孔应按设计要求进行恢复。

4 护栏预埋筋应进行精准定位，控制其线形和精度。

5 箱梁腹板选用圆形垫块，其余位置选用承重垫块，垫块类型见图 7-3。圆形垫块外径应按设计净保护层厚度设置，采用不小于 ϕ10 圆钢固定，且安装保持水平，圆钢与圆孔的间隙不大于 1.5mm。承重垫块宜安装在横纵钢筋交叉点位，采用十字交叉绑扎方式。

a) 承重结构垫块　　　　b) 侧面水泥垫块

图 7-3 垫块类型样图

7.2.5 钢筋骨架吊装应符合下列规定：

1 整体钢筋骨架吊具应进行专项设计，吊具吊点覆盖底板、腹板及顶板位置，全宽通长布置，如图 7-4 和图 7-5 所示。

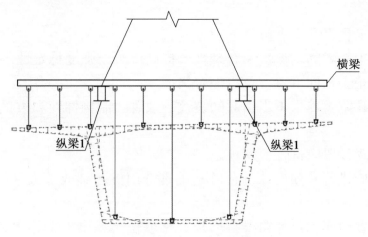

图 7-4 钢筋吊具吊点布置图 1

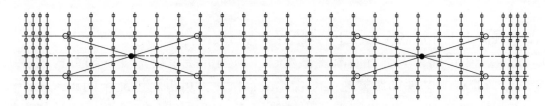

图 7-5 钢筋吊具吊点布置图 2

2 箱梁钢筋吊具由纵梁、横梁、主钩吊点及钢筋吊点组成，纵梁应选用不低于 H588 型钢，横梁应选用不低于 I22 型钢。

3 吊具吊点应满足单点受力要求，且安全系数不小于 2；吊点与钢筋连接处应设置短钢管或粗钢筋，周边钢筋连接应使用点焊连接。

4 为提高钢筋骨架的整体刚度，除应在预应力管道处设置加密定位网外，还应在腹板处设置加强筋，并与主筋焊接。

5 钢筋骨架整体吊装时，应满足下列要求：

1) 所有吊点受力均衡。

2) 门式起重机起吊缓慢同步。

3) 骨架调离地面约 30cm 后，安排专人逐点检查。

4) 骨架横移时，两台门式起重机保持同步，不得出现较大错位偏差或骨架受扭现象。

7.2.6 钢筋骨架入模应符合下列规定：

1 箱梁骨架入模前，应调整骨架，使骨架与制梁台座对中，并保持水平状态；当骨架下放至距离底板约 20cm 时，应利用吊锤微调骨架，使骨架中线与底板中线重合。

2 箱梁骨架入模后，应采用测量卡具检查腹板及底板保护层，工前合格率应为100%。

7.3 混凝土工程

7.3.1 混凝土工程提升要点包括下列方面：
1 提高混凝土布料的均衡性及合理性，提高混凝土强度稳定性。
2 提高预制箱梁顶面平整度及拉毛合格率。
3 减少外观缺陷及养生不当引起的裂纹，改善预制构件外观质量。

7.3.2 预制台座设置应符合下列规定：
1 台座基础应进行专项设计，台座基础宜选用桩基础或扩大基础，顶部按要求设置反拱度。
2 应合理布置台座，每片箱梁自模板调整就位至箱梁提梁移出台座的整个预制周期可按10天计算，具体以试验为准。

7.3.3 混凝土工作性能应符合下列规定：
1 混凝土生产前，应进行混凝土试生产，检测混凝土坍落度、相对密度、出机温度、含气量等指标，并现场调整施工配合比，合格后方可进行混凝土的正式生产。
2 箱梁正式施工前，应进行混凝土试浇筑工艺试验，收集底板、底板与腹板过渡区、腹板及顶板的混凝土各项指标，确定混凝土入模坍落度、扩展度、初凝时间等数据。

7.3.4 混凝土布料及振捣应符合下列规定：
1 混凝土布料区域应设置防雨棚，选用平臂式布料机，布料机作业半径覆盖整个桥面；多台布料机交叉作业时，相邻两台布料机高度应设有不小于1m的高差。
2 箱梁混凝土浇筑按照"底板与腹板接触部位（倒角）→腹板→底板→顶板"的顺序进行浇筑。先从腹板顶部下料，倒角处先填充满，同时底板会填充一部分，持续下料直到腹板内浇筑高度约1.5m，开始补浇底板，通过内模预留孔向底板中心下料，期间间断性地向两侧腹板下料，防止腹板产生冷缝；底板补浇完成后，再全力浇筑剩余的腹板和顶板。
3 混凝土振捣应以插入式振捣为主，辅以附着式振捣器振捣；附着式振捣器应选用智能控制柜控制，振捣时间通过工艺试验确定。
4 混凝土振捣应按布料机作业范围设置振捣责任区，每个区域设置一定数量的振捣工，责任到人，各司其职，有序振捣。

7.3.5 梁板顶面平整度控制应符合下列规定：
1 箱梁顶面应选择提浆整平机；提浆整平机在两侧设置轨道，轨道高程设置应考虑横坡。

2 桥面收浆应采用座式抹光机；桥面平整度应不大于5mm。

3 桥面拉毛应采用滚槽拉毛机，拉毛深度控制在1~2mm，拉毛线条顺直，线条间距设为15mm，每组线条之间间距不超过25mm；拉毛时机通过工艺试验确定。

7.3.6 混凝土养生应符合下列规定：

1 养生应设置封闭式保温棚，可设置为整体式，也可在底腹板、内腔、顶板分别设置。

2 应采用智能喷淋养生系统，喷淋管路沿梁长布置，覆盖底板、腹板、内腔和顶板；喷淋时间间隔应由智能控制柜操控，保持混凝土表面湿润。

3 冬期施工时，应采用保温保湿养生；养生应在制梁台座上进行，转运至存梁区后，养生时间不足的应继续养生。

4 箱梁养生时间应满足设计要求；无设计要求时，应不少于14天。

7.4 预应力工程

7.4.1 预应力工程提升要点主要包括下列方面：

1 提高预应力管道的定位精度。
2 提高预应力管道压浆密实度。
3 提高台座利用率。
4 预防混凝土早期裂纹。

7.4.2 管道定位及线形应符合下列规定：

1 预应力管道定位应设置整体式定位框架，即在腹板、底板、顶板预应力管道分组设置整体定位框架，固化相邻波纹管位置；定位框架应集中工厂化生产，提高定位框架加工精度。

2 应对预应力管道的每个定位网片进行编号，并在钢筋胎架上放样做好定位网编号标记，对号安装定位网片。

7.4.3 预应力张拉、压浆及封锚应符合第5.4节的规定；纵向预应力筋张拉分两个批次进行，并符合下列规定：

1 在混凝土强度达到50%时，应对第一批次的预应力筋进行预张拉，预张拉应力应满足设计要求。

2 在预制构件混凝土强度、弹性模量达到设计要求时，应对第一批次预应力筋进行终张拉。终张拉结束后应移梁至存梁台座，提高制梁台座利用率。

3 存梁时，在达到设计要求的混凝土强度和弹性模量后，应对第二批次预应力筋进行终张拉。

7.5 构件转运和存放

7.5.1 构件转运和存放提升要点主要包括下列方面：

1 提高转运过程的安全可靠性。

2 降低箱梁开裂风险。

7.5.2 构件的转运方式及设备选型应符合下列规定：

1 大箱梁转运方式应采用两台轮胎式搬运机同步进行抬吊、转运，两台搬运机的起重能力应不小于箱梁最大重量的 1.25 倍。

2 搬运机起升系统应按"四点起吊，三点平衡"的原理进行设计，作业时应将四个吊点转换成三点静定平衡的起吊体系，避免预制梁吊装由于多点约束受力不均产生扭曲、损坏。

3 起吊体系如图 7-6 所示，应通过钢丝绳缠绕或铰接结构实现"四点起吊，三点平衡"，具体操作如下：

1) 一点吊：起升系统两个吊点在混凝土梁宽度方向上交叉布置，用两根钢丝绳分别将两个吊点的动定滑轮串联起来，构成一个平衡吊点（虚拟吊点），见图 7-6a)。

两点吊：起升系统两个吊点在混凝土梁宽度方向上平行布置，分别用两根钢丝绳独立缠绕这两个吊点相应的动、定滑轮组，构成两个独立的吊点，见图 7-6b)。

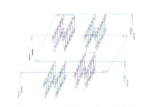

a) 钢丝绳缠绕方式（一点吊）　　　　b) 钢丝绳缠绕方式（两点吊）

图 7-6　箱梁起吊三点平衡钢丝绳缠绕示意图

2) 起吊系统通过销轴连接形成三点平衡，见图 7-7。

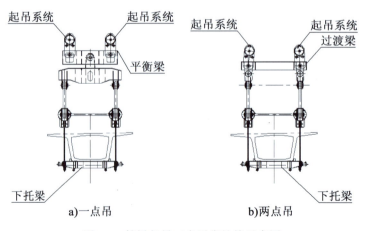

a) 一点吊　　　　b) 两点吊

图 7-7　箱梁起吊三点平衡铰接示意图

4 箱梁起吊吊具应委托专业厂家设计制作，吊具选用钢丝拉索结构；主要受力吊具应定期委托有资质的单位进行检测和探伤，并出具相应报告。

7.5.3 构件转运应符合下列规定：

1 箱梁转运前，应办理"一吊一签证"检查手续，对搬运机性能（胎压、液压、动力等）、吊具、吊杆等关键部位办理检查签证，合格后方可起吊。

2 梁体转运过程中，两台搬运机应联动操作，搬运机大车、天车等均同步进行。

3 提梁前，搬运机应在空载时支好支腿；提梁后，梁体位于搬运机横梁中间位置时收起支腿，大车方可行走。

4 在转运过程中应严格控制同步搬运设备的平面位置偏差，天车位于搬运机横梁中心位置，受力均衡。

5 搬运机应具备定点转向功能，且设置无线或有线连接同步控制技术；搬运机需转向操作时，应首先支好支腿。

6 搬运机起吊、转运过程中，应保持同步、匀速、缓慢；梁体落放时，采用吊锤检测梁体中线，梁体中线与存梁台座中线偏差不超过2cm。

7.5.4 构件存放应符合下列规定：

1 大箱梁四角高差不大于3mm。存放层数不超过两层。采用双层存梁时，应对梁体结构进行局部检算，上层箱梁底部支撑梁设置为钢结构形式；上层箱梁存放时，下层箱梁横向预应力应张拉完成。

2 大箱梁存放台座应进行专项设计，不得出现基础不均匀沉降。

3 大箱梁在预制厂存放时间应满足设计要求；设计未要求时，不宜小于15天。

8 节段梁质量提升要点

8.1 模板工程

8.1.1 模板工程提升要点主要包括下列方面：
1 提高模板机械化程度，配置液压系统。
2 提高模板安装精度，表面外露模板平整度 2m 范围内不大于 3mm，使用过程中变形不超过 2mm。
3 提升脱模剂的配合比适应性、完善喷涂方案，适应模板材质和气温。
4 提升预制构件混凝土外观质量，达到附录 E 中的 A 级（优良）标准。

8.1.2 模板设计应符合下列规定：
1 预制节段梁模板应根据梁体节段长度、截面形式、周转次数及节段梁施工工艺，合理配置模板。模板包括固定端模及其支架、活动端模、侧模及侧模支架、内模及内模支架、底模及底模台车和液压系统等，如图 8-1 所示。

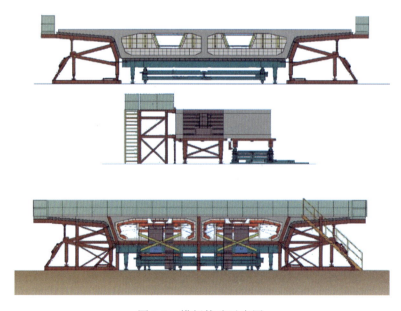

图 8-1 模板构造示意图

2 设计应考虑节段模板使用的通用性以及模板周转。
3 固定端模作为整个模板的测量基准，模板支架及模板应具有足够的强度、刚度和精度,使用过程中变形应不超过2mm。

4 底模应设置底模台车,底模台车应配备液压系统,具备平移、高程调整及旋转功能,并可与匹配节段整体纵移。

5 外模应具有足够的强度、刚度,配置液压系统,具备整体安装和脱模功能;外模在横向与高度方向应配置螺旋撑杆系统,具备微调、整体纵移的功能。

6 内模应考虑不同节段内模截面变化导致的模板变换,配置液压系统,具备液压脱模、内模及其支架可整体纵移的功能。

7 节段梁模板设计精度应满足表8-1的要求。

表8-1 节段梁模板设计控制标准

项次	检查项目	规定值或允许偏差(mm)
1	表面外露模板挠度	$L/400$,且≤3 [3mm(5mm),规范提升]
2	表面隐蔽模板挠度	$L/250$,且≤5
3	模板的钢棱变形	$L/500$
4	柱箍变形	$B/500$
5	面板变形	1
6	抗倾覆系数	1.3

注:L为模板计算跨度,B为柱宽。

8.1.3 模板制作应符合下列规定:

1 出厂前应在厂内进行试拼,试拼完成后应根据表8-2进行检查验收。

表8-2 模板出厂验收标准表

时间:		验收人:	是否合格	
项次	检查项目	允许偏差(mm)	合格	不合格
1	板面和板侧挠度	1		
2	面板厚度	不小于设计值		
3	板面局部不平	1(2m范围内)		
4	模板表面平整度	3(2m范围内)		
5	面板端偏斜	0.5		
6	模板内侧错台	1		
7	长,宽	0,−1		
8	肋高	±5		

2 模板进场验收主要验收内容包括但不限于模板几何尺寸、重量、模板焊接质量、平整度、液压设备性能、安全防护设施功能、临时用电等。模板进场初次安装完成后,应根据表8-3进行检查验收。

表8-3 模板进场组装验收标准

项次	检查项目		规定值或允许偏差（mm）	检验方法和频率
1	模板高程		+2，-2	水准仪测量，端模板不少于3处
2	模内尺寸	长度	-1，-3	尺量，顶面不少于2处
		宽度	+3，-2	尺量，外侧模每面不少于2处
		高度	0，-2	尺量，端面每面不少于2处
3	轴线偏位		2	全站仪测量，测量不少于2处
4	模板相邻两板内表面高差		2	水平尺量，每面不少于2处
5	模板表面平整度		3	2m水平尺量，每面不少于2处
6	垂直度		$H/1\,000$ 且 ≤ 3	吊垂线测量，端面测量不少于2处
7	预埋件中心线位置		3	尺量，每处
8	预留孔洞中心位置		10	尺量，每处
9	预留孔洞截面内部尺寸		+10，0	尺量，每处
10	剪力键位置偏差		2	尺量，每处
11	剪力键尺寸偏差		2	尺量，每处
12	模板拼接缝隙		≤2	尺量，每处

注：H 为吊线测量时上、下两侧点的竖直距离。

8.1.4 模板安装应符合下列规定：

1 端模安装应符合下列规定：

1）面板与待浇节段中轴线垂直，且在竖向保持铅直。

2）上翼缘进行高程检测，确保水平。

3）支撑牢固，具有足够刚度。

4）中线控制：在固定端模上顶面及内腔的下底面各设一个轴线控制点，测量时，要求这两个控制点与测量塔之间的测量基线重合。

5）垂直度控制：测量上、下两个中线控制点至测量基点（测量仪器架设点）的水平距离，并调整使其相等（竖向中轴线垂直）；测量对称设置在固定端模翼缘板两侧的高程兼平面位置控制点至测量基点的距离，并调整使其相等（固定端模与待浇节段中轴线成90°）。

6）水平度控制：测量对称设置在固定端模翼缘板两侧的两个高程兼平面位置控制点的相对高程，控制固定端模顶面水平度。

2 底模和底模台车安装应符合下列规定：

1）每套模板应配备两个底模（分别用于匹配节段和待浇节段），工期较紧或施工地点温度较低时，部分模板宜配备三个底模。

2）底模台车应由三层调整架及液压系统、滚排系统构成。上层调整架上应安装竖向液压千斤顶，用于节段的高程调节；各在中层调整架前后侧安装横向液压千斤顶，用于节段的轴线调节；底层调整架应与滚排系统固结，用于节段纵向位置调节。应通过竖、横向千斤顶联合运作，完成节段的三维位置调整定位。

3）对于等高箱梁，底模必须水平安置并与固定端模下缘良好闭合；底模沿中心线的立面必须在水平与固定端模模面呈90°，底模模面与固定端模的闭合接触处应保持90°。

3　侧模应通过液压千斤顶及可调节撑杆整体悬挂在与地面固定的侧模支架上。侧模支架上应设螺旋调节系统，可进行侧模整体水平和竖向调整。侧模在安装过程中应符合下列规定：

1）就位后通过精轧螺纹钢筋与预制台座板可靠连接。

2）底圆弧段与直线段相接处过渡平顺，接缝严密。

3）与固定端模及匹配梁间的拼缝严密，与匹配梁接缝间设置止浆装置。

4）和固定端模、匹配梁、底模的闭合空隙不超过2mm。

4　内模应由顶板、上角模及下角模组成，各模板之间采用螺栓连接，由可调撑杆支撑。内模系统应固定在内模支架上，由液压系统完成竖直方向伸缩及横向开启、闭合，并通过内模支架纵向移动。

5　转向块模板安装应符合下列规定：

1）转向块应与相应节段同步浇筑，与二次浇筑工艺相比，可提高转向节段施工质量。

2）转向块模板在设计时，应充分考虑模板拆除难度。

3）转向块模板安装前，应精确定位转向器并加固。

6　墩顶块模板安装应符合下列规定：

1）墩顶节段预制一般分为两种，一种为整体预制，现场安装；另一种为预制外壳，现场填芯。

2）整体预制的墩顶块在模板定位前应精确定位转向器并加固，端部模板应有可靠的抗浮措施。

3）仅预制外壳的墩顶块应在预制厂内完成转向器的定位和加固，与后浇混凝土接触面应采用双层收口网（作为模板）隔离，收口网外侧应采用钢筋网等措施加固，避免混凝土胀模。采用收口网作为模板的区域，振捣时应注意避免接触收口网，应在预制完成后、二次混凝土浇筑前拆除侵入保护层部分的收口网。

7　模板工序检查验收主要内容如表8-4所示。

表8-4　模板出厂验收标准表

外模检查验收	内模检查验收	浇筑前模板检查验收
1. 模板清理、打磨除锈，固定端表面对黏附的混凝土进行彻底清理； 2. 模板安装错台、拼缝小于2mm，模板拼缝处应设置止浆条； 3. 撑杆应撑紧，不能过度伸拉； 4. 模板表面应均匀涂抹脱模剂； 5. 匹配梁匹配面两侧和后侧粘贴止浆条，匹配面与侧模和底模应紧密接触，避免漏浆，模板止浆条破损时，应及时更换； 6. 结构尺寸调整精确后有效加固； 7. 对照预留孔图纸，检查预埋件数量和位置	1. 内模模板表面洁净，均匀涂抹脱模剂； 2. 检查内模板拼缝间螺栓及定位紧固情况； 3. 内模拼缝间应粘贴止浆条； 4. 检查撑杆，使内模紧贴端模和匹配梁	1. 模板清理洁净，无锈迹及污渍； 2. 模板丝杆、拼接螺栓、定位销安装牢固，数量满足要求； 3. 底模支腿紧固，液压千斤顶设备处于松落断电状态； 4. 预埋件数量、位置准确，加固完成； 5. 节段测量复测完成

8 模板安装验收测量应在测量塔上进行，并应符合下列规定：

1）测量塔位于模板轴线上，与固定端模、匹配梁、浇筑节段各测点间可通视。

2）测量塔应采用桩基础，沉降观测周期内不应出现大于2mm的沉降。

3）测量塔与周边路面等其他结构应隔离。

8.1.5 模板拆除应符合下列规定：

1 混凝土强度应不低于设计强度的50%；梁体混凝土芯部与表层、箱内与箱外、表层与环境温差均不大于15℃且满足设计及规范要求后，方可拆除模板。

2 模板拆除顺序为"内模拆除→外侧模拆除→匹配节段移开→新浇节段移到匹配梁位置"。

3 拆模时应加强对剪力键、边角、滴水檐等易破损部位的保护，液压系统应与机械支撑构件协调配合；模板拆除后，应及时清理、保养；台座间周转使用的模板应分类（齿块、转向块等）存放。

8.1.6 测量与匹配应符合下列规定：

1 预制时，一套标准的预制单元应包含固定端模、底模、外侧模板、内模、匹配梁段和测量塔等主要部件。

2 测量塔应建在预制单元的两端，位于预制单元的中线上并且垂直于固定端模。

3 预制单元的参照高程应位于预制梁梁顶面，其单元参照系统（即局部坐标系统）如图8-2所示。

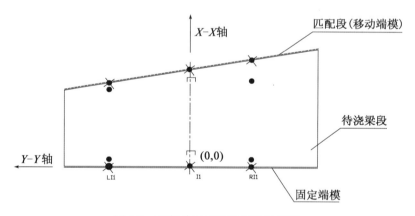

图8-2 预制单元局部坐标系示意图

4 每一预制梁段应设置六个控制测点，其沿节段中心线的两个测点用来控制平面位置，而沿腹板设置的四个测点用以控制高程；在固定端模上缘应设置三个控制测点用于校核局部坐标系；在预制单元附近应设置一固定水准点，对测量塔和目标塔进行校准。

5 匹配梁位置调整时，其沿中线的测点偏差应小于2mm；沿腹板的测点偏差应小于1mm；长度测量精确度在0.5mm以内；水准测量精确度在0.5mm以内。

8.2 钢筋工程

8.2.1 钢筋工程提升要点包括下列方面：
1 提高钢筋加工质量及加工机械化程度，使用数控钢筋加工设备和运输设备。
2 提高钢筋定位精度，定期复核钢筋设备加工精度。
3 加强钢筋保护层厚度控制，工后合格率达到95%。
4 提高预埋件定位精度，偏差不超过8mm。

8.2.2 钢筋绑扎胎架应符合下列规定：
1 节段梁钢筋骨架绑扎、预埋件安装等均应在胎架上完成。
2 胎架数量应与钢筋骨架成型时间和模板占用时间相匹配，单个节段预制工效可参考表8-5。普通节段钢筋绑扎胎架与模板比例宜为1:1；墩顶节段钢筋绑扎胎架与模板比例宜为2:1。

表8-5 单个节段预制工效分析表

标准节段预制工效		墩顶节段预制工效	
工序	时间（天）	工序	时间（天）
普通节段钢筋骨架施工时间	3	节段为整体预制时，钢筋骨架施工时间	7
转向块钢筋骨架施工时间	4	节段只预制外壳时，钢筋骨架施工时间	15
普通节段模板占用时间	3	节段为整体预制时，模板占用时间	3
转向块模板占用时间	4	节段只预制外壳时，模板占用时间	7

注：如施工区域温度较低时，应考虑延长模板占用时间。如节段为多箱室结构，应根据箱室数量延长模板占用时间。

3 钢筋绑扎胎架应根据节段钢筋骨架刚度、结构尺寸、钢筋骨架重量进行设计，并便于骨架的绑扎和整体吊出。
4 钢筋绑扎胎架之间应设置不小于1.2m的间距，满足人员行走和小型材料运输需要，胎架两侧均应设置宽度不小于0.8m的人行通道，胎架内应设置宽度不小于0.8m的钢筋周转存放区域。
5 限位装置应在工厂内定制，精度宜控制在1mm以内。
6 应设置施工平台、安全防护、防雨棚、照明等设施。
7 胎架在使用过程中应结合钢筋骨架安装情况、保护层检测情况进行微调。

8.2.3 钢筋安装应符合下列规定：
1 钢筋半成品运输应采用专用货架，避免运输过程中发生变形。
2 钢筋绑扎时，应先进行底板底层横、纵向钢筋的定位和绑扎，通过定位（限位）工装控制钢筋间距并使钢筋骨架端面平齐；之后进行腹板箍筋绑扎，腹板箍筋外侧应紧贴限位装置；再进行拉钩、架立钢筋绑扎，拉钩安装于钢筋十字交叉点位置，并紧钩住上下层钢筋,拉钩直角钩挂方向应一致;最后进行底板顶层钢筋、顶板钢筋绑扎,钢筋应顺直,与预应力管道钢筋冲突时,可适当移动或弯折钢筋进行避让,如需割断,应等强度补强。钢筋绑扎扎丝尾部应向骨架内部弯折,不应侵入保护层。

3 钢筋骨架绑扎完成后,应进行保护层垫块安装。保护层垫块采用圆饼状垫块和马蹄状纤维混凝土垫块,在安装前用水浸泡。

4 钢筋骨架绑扎完成后,应根据表8-6检查验收。

表8-6 钢筋骨架验收标准

项次	检查项目		规定值或允许偏差（mm）	检验方法和频率
1	受力钢筋间距	两排以上	±5	尺量,每个构件2个断面
		同排	±10	
2	箍筋间距		±10	尺量,每个构件10个间距
3	骨架尺寸	长度	±10	尺量,每个构件不少于2个断面
		宽度	±5	
		高度	±5	
4	保护层厚度		0, +5	尺量,每3m²不少于1处

5 预埋件安装应符合下列规定:

1) 在钢筋绑扎的同时,应进行所有预埋件的埋设,主要包括体内预应力波纹管(锚垫板)、临时吊点预埋件、临时预应力预埋件、体外预应力束转向装置预埋件、其他附属设施预埋件等。

2) 波纹管安装应符合第5.4.4条的规定。

3) 锚垫板安装应与管道中心线垂直,锚垫板与波纹管接头处应用专用接头或热塑接头连接,防止混凝土浇筑时漏浆堵塞管道。

4) 临时吊点、临时预应力预埋管安装,安装前应检查预埋管的尺寸、规格是否符合设计要求,安装时应进行准确定位,竖直埋设,预埋管定位网片应与钢筋骨架绑扎固定。

5) 体外束转向器、导管安装,安装前应先检查其型号、规格等是否符合设计要求;安装进行初定位时应注意转向器的里程、方向;定位钢筋预留10mm调整空间后应与钢筋骨架焊接牢固;转向器定位完成之后,两头应用胶带严密包缠,防止混凝土浇筑时漏浆堵塞分丝孔。

6) 护栏预埋筋安装,护栏钢筋应按图纸要求间距进行安装,并保持顺桥向线形一致。

7) 泄水孔等其他附属预埋件,应按图纸要求进行定位安装。

8.2.4 钢筋骨架的吊装和入模应符合下列规定:

1 钢筋骨架应采用专用吊具进行吊装,吊具设计时应符合下列规定:

1）应采用多点平衡起吊，顶板、底板吊点对称布置。
2）应根据最重钢筋骨架的重量进行设计。
3）吊具设计时应考虑现场吊装设备的起重高度。
4）应考虑通用性，适用所有节段钢筋骨架。
2 钢筋骨架吊装、入模应符合下列规定：
1）钢筋骨架顶、底板吊点对称布置，吊点间距应均匀。
2）钢筋骨架起吊前应仔细调整各吊点钢丝绳长度，使其松紧程度一致；钢筋骨架吊离胎架100mm时再次检查并调整，使各吊点的受力均匀。
3）骨架吊装前，腹板箍筋应与顶、底板钢筋和倒角钢筋进行点焊加固，提高钢筋骨架整体刚度。
4）入模过程中应避免钢筋骨架挤压保护层垫块。
5）钢筋骨架应匀速下放，避免上下振动造成钢筋骨架变形。
6）入模前应检查保护层垫块，检查无误后将钢筋骨架下放到位。
7）钢筋骨架入模就位后，应在固定端模与匹配梁之间搭设挑梁，将钢筋骨架内腔顶板钢筋临时固定，待内模就位后解除。
8）钢筋骨架入模后应再次检查各处保护层垫块，及时扶正、更换。

8.3 混凝土工程

8.3.1 混凝土工程提升要点包括下列方面：
1 提升混凝土工作性能，适应各时期混凝土浇筑要求。
2 提高混凝土强度稳定性，混凝土强度标准差不超过3MPa。
3 提升混凝土外观质量，达到A级（优良）标准。
4 提升混凝土养生质量，避免因养生造成质量问题。

8.3.2 节段梁首件施工前宜对配合比、浇筑振捣、脱模剂、养生等做工艺试验。

8.3.3 混凝土施工应在预制车间内完成。预制车间设置时，应符合下列规定：
1 模板投入应根据模板占用时间、节段预制工期合理配置。
2 模板均置于预制车间内，模板横向两侧应各设置不少于1.5m的安全通道，模板之间可根据需要设置隔间。
3 车间纵向长度不应小于内模及其支架长度、端模及其支架长度、底模长度、匹配梁长度及其之间的施工通道宽度的和。
4 考虑钢筋骨架吊装入模、匹配梁移出对顶棚的影响，顶棚应设置防风设施。
5 固定端模及其支架、待浇筑节段、匹配节段位置及测量塔宜采用桩基础；预制周期内不应出现大于2mm的不均匀沉降以及测量塔和测点之间的相对沉降。
6 预制车间旁应设置宽度不小于6m的运输通道，满足混凝土运输、材料运输等需求。

7 预制车间内宜配置自动喷淋系统和冬季养生设备。

8 应合理布置电源、照明系统、消防设施、模板堆放架、同养试块堆放架等设施。

8.3.4 混凝土浇筑应符合下列规定：

1 节段混凝土浇筑如图8-3所示，总体顺序为"底板→下倒角→腹板→顶板"，总体原则为"由一端向另一端进行、左右对称、斜向分段、水平分层"，前后两层混凝土浇筑间隔不得超过30min。混凝土浇筑应连续，中途不应间断，如出现间断，间断时间不宜超过30min、不应超过1h。

图8-3 节段梁分层浇筑示意图

注：■底板；■腹板；■顶板一层；■顶板二层。

2 底板浇筑时混凝土应从内模顶板的布料孔下料，在固定端模顶面挂设串筒或溜槽输送至底板上进行浇筑。

3 腹板混凝土的浇筑分层厚度为300mm，应通过刻度尺对称布料。应在腹板两侧沿梁长方向放置遮盖，减少布料过程对外腹板钢模的污染。混凝土浇筑过程中，应避免振捣棒直接碰撞预埋件。布料时严格控制下料速度，应避免混凝土直接冲击预埋件。在浇筑腹板过程中，如遇底板翻浆，应立即停止此位置处的腹板浇筑振捣，将翻浆的混凝土运到底板较低位置处或及时清理，在倒角处增设压板，严格控制后续混凝土的分层厚度，振捣器插入下层混凝土的深度宜控制在50~100mm之间，放缓混凝土的浇筑速度，复查底板预埋件位置。

4 顶板浇筑应由一侧向另一侧连续浇筑，采用插入式振捣棒振捣，移动间距不得超过振捣棒有效振捣半径，每一振点的振捣延续时间宜为20~30s，以混凝土停止下沉、不出现气泡、表面呈现浮浆为止。

8.3.5 浇筑施工时应符合下列规定：

1 在预埋件、预留筋周围布料和振捣时，严禁触碰预埋件、预留筋，振捣结束后复查预埋件，如位置变动应及时调整。

2 预埋件应固定牢固，防止上浮。

3 混凝土出料口距混凝土浇筑面高度超过2m时，应设置串筒。

4 混凝土振捣过程中，应避免重复振捣，防止过振。

5 应加强模板支撑系统和模板拼缝的检查，防止振捣过程中漏浆和胀模。

6 混凝土料斗起吊过程中应进行试吊，料斗离地200mm后应暂停10s。

7 吊物下方严禁行人，料斗吊至布料点附近后，作业人员方可靠近。

8 操作平台应保持干净整洁，物品摆放整齐。

9 施工区域临边防护应安装到位，临时用电应规范。

10 施工区域应光线充足、照明良好，夜间浇筑时应配备足够的照明设施。

8.3.6 振捣工艺应符合下列规定：

1 节段梁浇筑施工过程中，根据不同的浇筑部位及工艺，所需的振捣施工人员要求不同。振捣人员应按浇筑顺序程序化施工，区域化进行振捣作业。

2 混凝土振捣应采用以插入式振捣为主、附着式振捣为辅的振捣工艺。浇筑过程中注意加强倒角、钢筋密集部位及各部分交界面的振捣。插入式振捣棒操作时，快插慢拔，垂直点振，不得平拉，不得漏振，谨防过振；振捣棒插点应均匀排列，振捣棒的移动距离应能覆盖已振部分的边缘；振捣腹板混凝土时，插点间距按300mm控制。顶板混凝土振捣时，振捣棒插点可采用"梅花式"的次序移动，以免发生漏振及重复振捣。

8.3.7 梁板面平整度控制应符合下列规定：

1 严格控制收面平整度，特别是在预埋件的位置；顶板顶面、底板顶面均应采用刮尺控制表面平整度；应采用二次压抹工艺，严格控制第二次抹面时机（混凝土快初凝时）。混凝土收面施工时应设置专用跳板，避免作业人员踩踏成型的混凝土。

2 拉毛宜采用拉毛器沿靠尺、沿节段横向拉毛，拉毛应一次成型，减少中断次数，保证拉毛顺直，拉毛深度应控制在2~5mm之间。二次抹面结束后、食指微压混凝土面出现2mm左右深度凹痕的时间，为最佳拉毛时间。

8.3.8 混凝土养生应符合下列规定：

1 混凝土初凝后应及时进行养生，养生方法应适应施工季节变化。

2 一般情况下，混凝土表面应保持潮湿状态，养生时间不应少于14d，严禁干湿交替现象。混凝土初凝后开始覆盖洒水养生，模板拆除后内外腹板采用自动喷淋进行混凝土养生；顶板采用覆盖土工布洒水养生，土工布覆盖面宜搭落300~500mm，以便端面、倒角等部位保湿。养生时间未达到设计或规范的要求时，应将节段吊至二次养生区继续养生。

3 冬期宜采用蓄热法养生，内外侧模板外应粘贴保温材料（如橡塑海绵），在混凝土外露面覆盖湿润土工布+塑料薄膜+棉被（一布一膜一被），封闭预制车间，减少空气流通造成热量损失。当出现极端低温天气（预制车间内温度低于0℃）或工期较紧时，采取蓄热法+蒸汽养生进行养生，预制车间内增设苇帘和蒸汽发生设备，提升梁体周围温度。同时，应对预制车间内环境温度和混凝土表面温度进行监测。混凝土浇筑过程中，每4h测量一次温度；混凝土浇筑完毕后，每2h测量一次温度，直至拆模时为止。

8.3.9 节段修整与凿毛应符合下列规定：

1 节段预制完成，待强度满足吊运要求后，应吊运至修整台座进行检修，如

图 8-4 所示。为便于节段梁质量检查、修整和验收，应设置修整台座，修整台座宜位于预制车间附近，数量不少于预制车间数量，有条件的可将修整台座置于预制车间内。

图 8-4　检修台座示意图

2　节段修整工作包括隔离剂打磨、腹板内外侧双面胶打磨、附着水泥浆及其他杂物清理、预埋件填芯材料清理等。

3　应根据节段梁常见缺陷，制订标准的修整方案。

4　锚垫板端面水泥浆应清理干净，并将压浆孔内的水泥浆清除彻底；锚垫板端面应涂刷防锈漆。

5　体外预应力转向器分丝管应采用钢绞线逐根检查，若有不通畅的管道应单根疏通，转向器外露端面周边混凝土应修整平齐。应依次复核体外预应力预埋导管的预埋尺寸，高度和水平偏差不应大于 10mm。

6　临时吊点孔、临时预应力拉杆孔位置应进行复测，中心线位置偏差不大于 10mm，同一个钢齿坎的多个拉杆孔相对偏差不大于 10mm；泄水孔位置偏差不大于 30mm；预留孔道内填芯材料清除后，应在管口下沿底侧张贴双面胶，防止养生水、雨水等顺孔道下流，造成二次污染。

8.3.10　节段验收应符合下列规定：

1　拆模后应对节段结构尺寸、混凝土保护层、预埋件位置、混凝土外观等进行检查，并形成验收资料归档。

2　节段梁断面尺寸验收应满足表 8-7 的要求。

表 8-7　节段断面尺寸验收标准

项次	检查项目		规定值或允许偏差（mm）	检验方法和频率
1	节段长度		+3，-5	尺量，3 处
2	宽度	梁板顶宽	±5	尺量，各 3 处
		梁板底宽	+5，0	
3	高度	箱梁	±5	尺量，2 处
4	箱梁顶、底板、腹板厚度		+5，0	尺量，各 4 处
5	平整度		3	2m 直尺检测

8.4 构件转运和存放

8.4.1 构件转运和存放提升要点包括下列方面：
1 提升吊装吊具的适用性，满足横、纵向调节需要。
2 加强节段梁转运和存放的过程控制措施。

8.4.2 构件转运应符合下列规定：
1 构件吊装应使用专用吊具，吊具示意图见图 8-5，吊点布置应满足节段梁吊装状态的受力要求，并经设计确认。

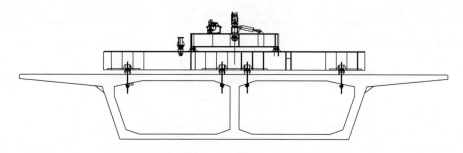

图 8-5 吊具布置示意图

2 节段梁应在完成匹配任务后进行转运。
3 吊具应进行专项设计，吊具设计应符合下列规定：
1）因预制节段种类较多、吊点间距多变，应考虑其通用性。
2）吊具吊点位置应便于调整，以适应多类型梁段吊装。
3）应考虑作业人员使用安全，吊具上应设置安全带系挂点等安全设施。
4）吊具扁担与主梁应采用铰接连接。
5）应根据节段箱室内倒角变化，设计适合的楔块。
6）起吊过程中，应保证梁段不出现超限应力。
4 厂内起吊设备宜采用大型门式起重机或桁车，不宜采用 2 台以上设备进行抬吊。运输设备宜采用模块车进行运输，运输车上的支点布置应满足设计要求，两箱室以上梁段应采用专用支架、支垫。

8.4.3 构件存放应符合下列规定：
1 构件应存放在存梁台座上，存梁台座及场地设计时应符合下列规定：
1）根据现场吊装条件，合理规划。
2）地基应进行适当处理，地基承载力满足存梁荷载需要。
3）应采取有效措施控制存梁台座的不均匀沉降，如采用条形基础、定期观测调整等。
4）存梁台座顶面应比地面高 200mm 以上，节段堆存净距不应小于 300mm。

5）堆存支点布置应根据节段结构特点经计算确定，通常采用三点存梁，当梁段宽度较大时，应考虑多点存梁。

6）存梁场地面积应根据节段的存梁时间、堆存层数、节段大小、节段间距、预制速度、安装速度等综合考虑，安装工效可参考表8-8。

表8-8 节段安装工效分析表（不考虑夜间作业）

工　序	时间（天/跨）
50m跨全悬挂拼装（含湿接缝）	12
50m跨全悬挂拼装（不含湿接缝）	7
65m跨对称悬臂拼装（含湿接缝）	15

2　存放层数宜不超过两层；应根据梁高、安装部位分区堆存，同跨节段应按出运顺序依次堆存；多层存梁应遵循"由下至上节段重量递减、腹板厚度递减"原则。

3　存放时间应符合设计要求；设计未要求时，宜不小于3个月。

9 T梁质量提升要点

9.1 模板工程

9.1.1 模板工程提升要点包括下列方面：
1 提高施工便利性。
2 提高外露钢筋及预埋件定位精度。
3 提升预制构件混凝土外观质量。
4 提升预制构件整体安装与前后工序的衔接质量。
5 提高预制构件结构尺寸精度。

9.1.2 模板设计应符合下列规定：
1 T梁模板的钢面板厚度应不小于5mm。当采用复合不锈钢模板时，复合不锈钢面板厚度组合宜不小于5mm（钢板）+2mm（不锈钢面板）。
2 T梁模板应进行模块化设计，应包括等截面、变截面、负弯矩齿块等模块。端头模板应采用分体组合设计，负弯矩锚固端应设置为深埋锚形式；翼缘板外侧模板应设计为内倾形式，横隔板底模宜与侧模分块设计。
3 同跨T梁梁体长度变化较大的应加设调节模板，调节模板长度宜不小于5cm，调节位置宜设置在梁端直线段。
4 模板设计与制作应根据横、纵坡的坡率设置为可调节式。齿块处模板可采取多坡率组合模板进行横坡调节，非齿块处模板可采用铰接式配合丝杆进行横坡调节；弯道桥边梁翼缘板外侧模板应设计为活动式。纵坡调节应在台座上设置铰接式调坡工装。
5 模板支撑立柱位置应根据翼缘环形钢筋外露长度进行设计，应设置机械千斤顶支撑点。支撑立柱外侧应设置走道平台，平台宽度不低于30cm，护栏高度不低于120cm。
6 端头模板应根据钢筋位置、间距进行开槽、开孔设计，确保T梁端头钢筋能通长设置，外漏搭接长度符合设计要求。弯道桥、斜交桥的简支梁端模板宜加大预留槽口。
7 梁体端头模板的底部应设置倒角，并设置拆模拉环；齿块处模板应设置为开口形式，棱角处应采用圆角或倒角设计。横隔板模板应采取上大下小、里大外小的形式。
8 当采用液压模板时，根据模板及液压系统的结构特点，对模板的结构稳定性、功能符合性等关键要素进行验收，并经调试且满足使用要求后，方可投入使用。

9 模板设计与制作应根据混凝土浇筑工艺设置移动专用布料平台。

9.1.3 模板安装和拆除应符合下列规定：

1 T梁模板安装工艺流程应为"底模→侧模→端模"，模板安装应符合下列规定：

1）应在台座上设置不少于6个沉降观测点，并按设计要求在台座上设置预拱度。

2）模板安装完成后应按表9-1进行验收。

3）应根据气候、温度等因素进行脱模剂选择，涂刷宜采用喷涂方式。

表9-1 模板验收标准

项次	检查项目		规定值或允许偏差	检验方法和频率
	内容	检查部位		
1	横坡	翼板底模	符合设计要求	每两道横隔板之间测1断面
2	纵坡	梁底预埋钢板	符合设计要求	—
3	边梁线形	边梁外侧模板	符合设计要求	根据曲率半径确定
4	模板拼缝	模板之间拼接缝隙	≤1mm	—
5	预埋件	预留孔洞、槽口	符合设计要求，位置允许偏差：±2mm。钻孔应采用机具，严禁用电、气焊灼	—
6	止浆措施	模板拼缝处、模板开孔处	使用高强止浆橡胶条或泡沫填缝剂，严禁使用沙石、砂浆或布条	—

2 T梁模板拆除顺序为"端模板→侧模板→底模板"，模板拆除应注意混凝土成品的保护。

9.2 钢筋工程

9.2.1 钢筋工程提升要点包括下列方面：

1 提高钢筋的安装精度。

2 减小钢筋骨架吊装入模的变形。

3 提高钢筋保护层合格率。

4 提高预埋件定位精度。

5 提升钢筋安装前后工序的衔接质量。

9.2.2 胎架的制作与安装应符合下列规定：

1 胎模胎架应进行专项设计和验算，应满足T梁主体钢筋及附属钢筋的精确定位功能。T梁腹板钢筋定位胎架设计示意图见图9-1，翼缘板钢筋定位胎架设计示意图见图9-2。

2 翼板环形钢筋定位应采用梳齿板，梳齿板槽口应与 T 梁模板上的槽口一致，如图 9-1 所示。

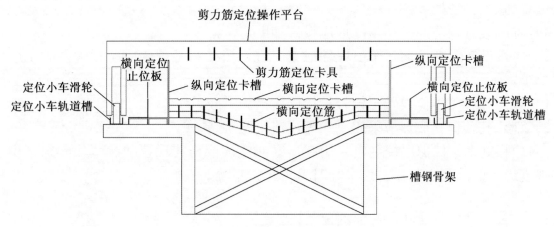

图 9-1 顶板胎架断面示意图

3 齿块处的钢筋骨架安装应单独采用齿块胎架，并在顶板钢筋胎架上预留负弯矩齿块的模块位置，如图 9-2 所示。

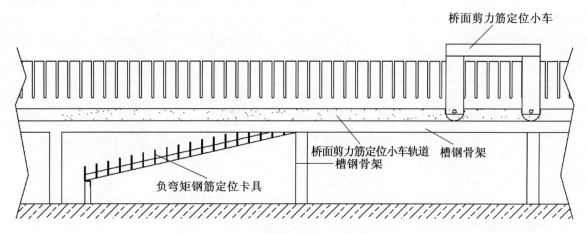

图 9-2 顶板胎架立面示意图

4 腹板钢筋胎架的中部应增设横纵钢筋定位措施，如图 9-3 所示。

9.2.3 钢筋安装应符合下列规定：

1 钢筋的安装顺序应为"腹板钢筋→横隔板钢筋→顶板钢筋"，安装过程应满足下列要求：

1）T 梁钢筋按模块化施工，包括但不限于顶板箍筋和桥面剪力筋模块、腹板架立筋和马蹄筋模块、波纹管定位筋模块、负弯矩齿块钢筋模块、护栏预埋钢筋模块。

2）钢筋设计应避免与预应力管道冲突；预应力管道弯曲段应采取防裂措施。

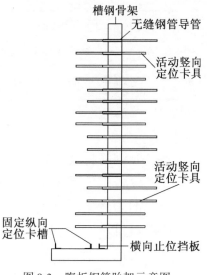

图 9-3 腹板钢筋胎架示意图

3）锚下预应力螺旋钢筋安装时应增加辅助定位措施。

4）顶板剪力筋安装应采用剪力筋铺设小车进行布设，小车上设置可控制剪力筋高度及位置的定位装置。

5）伸缩装置及防撞护栏预埋筋应设置辅助定位措施。

2 应按设计图纸要求制作预埋件清单，进行清单式管理验收。预埋件施工应满足下列要求：

1）锚垫板施工中应设置与模板栓接固定措施。

2）泄水孔预留孔成形应采用专用塑模或钢制工装。

3 模板处钢筋保护层控制应采用圆形穿心垫块或梅花形垫块，垫块必须采用与梁体同强度等级的混凝土制作，且绑扎时呈梅花状布置。

9.2.4 钢筋骨架吊装应符合下列规定：

1 T梁钢筋骨架吊具应进行专项设计，吊具可采用型钢或无缝钢管制作。

2 腹板钢筋应设单排钢筋吊点，翼缘板钢筋应设双排钢筋吊点，吊点间距应不大于50cm，确保吊装过程中钢筋骨架不变形。钢筋骨架吊具示意图见图9-4、图9-5。

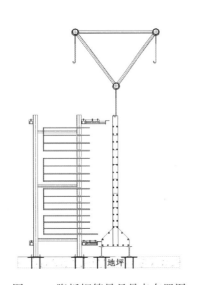
图9-4 腹板钢筋吊具吊点布置图

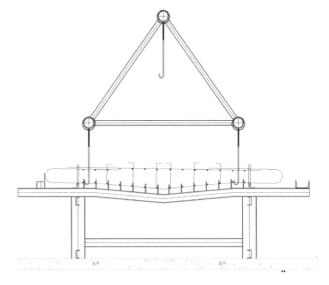
图9-5 翼缘板钢筋吊具吊点布置图

3 门式起重机与吊具间的主吊点，应采用两台门式起重机抬吊，吊点位置通过验算确定。

9.2.5 钢筋骨架入模应符合下列规定：

1 腹板钢筋骨架吊装就位时，应在台座上设置定位措施。

2 钢筋骨架吊装前，应测量出骨架中心点和底模中心点，并引2~5个标识点，偏差不应超过设计及规范要求。

3 钢筋骨架吊装时，应安排专人指挥。

4 吊装入模后，应利用钢尺对中心点和引点位置复核。

5　顶板钢筋吊装入模时，应设置导向措施，导向点不少于6个。

9.3　混凝土工程

9.3.1　混凝土工程提升要点主要包括下列方面：
1　提升钢筋密集区混凝土振捣质量。
2　提升混凝土养生质量。
3　提升混凝土拉毛质量。

9.3.2　混凝土布料及振捣应符合下列规定：
1　T梁混凝土浇筑时宜设置专用布料平台。
2　混凝土浇筑前应在钢筋密集区域设置振捣棒下放通道，浇筑过程中随混凝土浇筑面的升高逐步提升，确保振捣棒能够顺利下放到浇筑混凝土处进行振捣作业。

9.3.3　T梁浇筑完成后应人工进行整形收面，宜采用二次收面工艺确保表面平整。待混凝土初凝后进行拉毛，混凝土拉毛方式通过工艺试验确定。

9.4　预应力工程

9.4.1　预应力工程提升要点主要包括下列方面：
1　提升预应力张拉质量，减小预应力损失。
2　提升预应力压浆质量，提高预应力耐久性。

9.4.2　管道定位及线形应符合下列规定：
1　在腹板钢筋定位胎架上应设置专用定位架措施对预应力管道进行竖弯定位，腹板钢筋安装完成后通过Ω筋进行预应力管道平弯定位。腹板钢筋定位胎架上应标识管道定位坐标。
2　波纹管连接应采用热缩管热熔焊接。
3　管道Ω定位筋焊接时，应采取相应措施避免烧伤波纹管。
4　T梁浇筑前应在波纹管内安装内衬管，内衬管宜采用PE（聚乙烯）管。
5　钢绞线穿束宜采取整束牵引工艺。穿束时钢绞线中心丝应镦头并辅以专用牵引工装进行牵引，严禁钢绞线端部焊接成锥头牵引。当采用穿束机单根穿束时，应辅助编号和梳束处理。

9.4.3　预应力张拉、压浆及封锚应满足第5.4节的要求。

9.4.4　压浆完成后应及时完成锚头封堵，封堵宜采用真空罩配合水泥净浆填缝枪成型。

9.5 构件转运和存放

9.5.1 构件转运和存放提升要点主要包括下列方面：
1 提升转运过程的安全可靠性。
2 提升成品存放稳定性。

9.5.2 构件转运应符合下列规定：
1 T梁宜采用门式起重机、运梁车、搬梁车进行转运。
2 梁体转运存储前应将梁体吊运至检验台座模拟T梁安装后工况，检验梁底预埋钢板与支座契合度，并对梁体进行外观、结构尺寸检验。
3 梁体吊运时应采用兜底吊装，钢丝绳与梁体间应设置保护措施。
4 构件转运过程应注意下列事项：
1）吊装前应对门式起重机、吊具的机械性能进行检查。
2）T梁吊装时所使用的设备应齐全，场地应平整、无杂物。

9.5.3 构件存放应符合下列规定：
1 梁体存放应使梁体处于简支状态，不得将梁体直接放置于地面。
2 T梁存放时间应符合设计要求；设计未要求时，不宜超过3个月，特殊情况下不应超过5个月。

附录 A 桥梁预制构件钢筋配料单

桥梁预制构件钢筋配料单　　　　　　　　　　　　　　　　表 A-1

工程名称		施工单位		构件名		构件编号	
钢筋编号	钢筋规格	钢筋简图	单根钢筋下料长度（mm）	钢筋总根数	钢筋长度（m）	备注	
编制：			复核：			日期：	

附录 B 桥梁预制构件钢筋定位架验收标准

表 B-1 T 梁腹板钢筋定位胎架验收标准

项次	检查项目		规定值或允许偏差（mm）	检验方法和频率
1	箍筋定位梳齿板	间距	±5	尺量，按梳齿板总数100%检测
		齿宽（比钢筋外径大5mm）	±2	尺量，按梳齿板总数30%抽测
2	纵向水平钢筋定位插销	高度位置（所需定位钢筋设计图纸位置）	±5	尺量，每个插销组合件核对其中任何一根插销位置
		插销间距	±5	尺量，按插销总数100%检测

表 B-2 T 梁翼缘板钢筋定位胎架验收标准

项次	检查项目		规定值或允许偏差（mm）	检验方法和频率
1	箍筋定位梳齿板	间距	±5	尺量，按梳齿板总数100%检测
		齿宽（比钢筋外径大5mm）	±2	尺量，按梳齿板总数30%抽测
2	纵向水平钢筋定位插销	平面位置（所需定位钢筋设计图纸位置）	±5	尺量，每个插销组合件核对其中任何一根插销位置
		插销间距	±5	尺量，按插销总数100%检测
3	剪力钢筋定位	横向（所需定位钢筋设计图纸位置）	±5	尺量，抽10%剪力钢筋
		高度（所需定位钢筋设计图纸位置）	±5	
		限位销间距	±5	尺量，按插销总数100%检测

表 B-3 节段梁钢筋绑扎胎架验收标准

项次	检查项目	规定值或允许偏差（mm）	检验方法和频率
1	胎架各支撑点位置高程偏差	±5	水准仪测量
2	钢筋限位工装点位偏差	±5	钢尺测量
3	胎架尺寸偏差	±5	钢尺测量
4	预埋件定位偏差	±10	钢尺测量
5	端部限位平直度	±10	钢尺测量

附录 C 桥梁预制构件外露钢筋防腐处理要求

C.0.1 桥梁预制构件外露钢筋是暂时露在混凝土外面的预留钢筋，包括：

1 小箱梁护栏预埋筋，墩顶现浇段预埋筋，现浇桥面板预埋筋。

2 大箱梁梁端湿接缝预埋钢筋，合龙段临时支撑结构预埋钢板，翼缘两侧预埋护栏基座钢筋，拼宽梁与主梁间湿接缝预埋钢筋。

3 节段梁顶板外露护栏钢筋，墩顶块二次浇筑预埋钢筋。

4 T梁梁体预留主筋，梁体顶板两侧预留U形筋、顶板剪力筋、其他预留钢筋，梁体横隔板预留钢筋。

C.0.2 外露钢筋防腐宜采用下列措施：

1 水泥浆防腐。采用 P·O 42.5 低碱水泥拌制，水泥浆配合比（质量比）= 水泥 : 水 = 1 : 0.35。水泥浆涂刷应均匀、不漏刷，防护效果可达 1 个月。

2 防腐漆防腐。防腐漆必须有出厂合格证，宜使用防锈漆作底漆，银粉磁漆作面漆。防腐漆涂刷应均匀、不漏刷，防护效果可达 3 个月以上。

3 经设计单位同意后，外露钢筋临时防腐涂抹的水泥浆或防腐漆可不作清除。

附录 D 桥梁预制构件凿毛分级评定

D.0.1 凿毛宜满足下列要求：

1 根据构件的不同部位选择合适的凿毛方法，宜采用手持式电动凿毛机。

2 凿毛前应确定凿毛范围（弹线法），距离凿毛断面边缘小范围内（不大于2cm）可不做凿毛处理，其他范围均应凿毛。

3 凿毛部位的混凝土表皮应全部清除形成毛面，并采用洁净水冲洗干净。

D.0.2 凿毛质量以露骨率作为判定标准，露骨率＝测区内含粗集料方格数量/测区方格总数。检测测区宜符合下列规定：

1 大箱梁、节段梁、T梁凿毛露骨率的检测测区为20cm×20cm，每个测区划分100个2cm×2cm方格。

2 小箱梁露骨率的检测测区为10cm×10cm，每个测区划分25个2cm×2cm方格。

D.0.3 大箱梁、节段梁、T梁和小箱梁的凿毛露骨率判定标准应符合下列规定。Ⅲ级为不合格，应重新进行凿毛。

1 大箱凿毛梁露骨率判定标准：
   Ⅰ级：75%＜露骨率≤100%。
   Ⅱ级：50%＜露骨率≤75%。
   Ⅲ级：20%≤露骨率≤50%。

2 节段梁凿毛梁露骨率判定标准：
   Ⅰ级：60%＜露骨率≤100%。
   Ⅱ级：40%＜露骨率≤60%。
   Ⅲ级：20%≤露骨率≤40%。

3 T梁凿毛梁露骨率判定标准：
   Ⅰ级：70%＜露骨率≤100%。
   Ⅱ级：40%＜露骨率≤70%。
   Ⅲ级：20%≤露骨率≤40%。

4 小箱梁凿毛梁露骨率判定标准：
   Ⅰ级：70%＜露骨率≤100%。
   Ⅱ级：40%＜露骨率≤70%。
   Ⅲ级：20%≤露骨率≤40%。

D.0.4 凿毛露骨率检测如图 D-1 所示。

图 D-1 凿毛露骨率检测样图

附录 E 桥梁预制构件外观分级评定

E.0.1 桥梁预制构件混凝土外观分级评定采用扣分制，其检测项目、扣分标准和检查方法如表 E-1 所示。

表 E-1 桥梁预制构件混凝土外观分级评定扣分标准

项次	检测项目	扣分标准	标准分值	检验方法
1	颜色	颜色不一致、色泽不均匀、存在明显色差、光洁度不佳，扣 1~5 分	25	距离混凝土表面 1m 外观察
		存在污染、斑迹、冷接缝，1 处扣 1 分		在 50cm×50cm 以内算 1 处
2	表面损伤	蜂窝面积≤5cm×5cm，1 处扣 1 分；5cm×5cm＜蜂窝面积≤10cm×10cm，1 处扣 2 分；10cm×10cm＜蜂窝面积≤20cm×20cm，1 处扣 4 分；20cm×20cm＜蜂窝面积≤30cm×30cm，1 处扣 9 分；蜂窝面积＞30cm×30cm，表面损伤单项得分为 0	25	—
		存在砂线、缺角、掉块、麻面、漏浆、刮痕、修补，1 处扣 1 分		在 50cm×50cm 以内算 1 处
		出现收缩裂缝，1 处扣 1~5 分；出现严重裂缝（宽度超过 0.2mm），则表面损伤单项得分为 0		—
3	表面气泡	气泡数量大于 30 个，1 处扣 0.5 分	5	在 100cm×100cm 以内算 1 处
		最大气泡直径大于 5mm、深度大于 5mm，1 个扣 0.5 分		—
4	翼缘板线形	错台超过 5mm、直线度偏差大于 10mm，1 处扣 1 分	5	通长检查
5	平整度	混凝土表面突变、错台超过 3mm、缝宽超过 2mm，顶面平整度偏差大于 8mm，1 处扣 1 分	15	3m 直尺连续检测 5 尺
6	外露钢筋线形和位置	防撞墙预埋钢筋错位超过 10mm、顶板剪力筋错位超过 10mm，1 处扣 0.5 分；横隔板钢筋错位超过 20mm，1 处扣 1 分	15	防撞墙预埋钢筋错位、顶板剪力筋错位采用 3m 直尺连续检测 3 尺
		预埋筋缺失，1 处扣 1 分		—
7	凿毛拉毛	凿毛范围不符合要求，1 处扣 3 分	10	每个面
		凿毛不均匀、边线不顺直、集料外露不佳，每个面扣 1 分；对横隔板，每个面扣 0.5 分		
		梁顶收浆压边不整齐、留有死角、拉毛整体不均匀、深度不满足要求，1 处扣 0.5~2 分		—
	合计		100	—

E.0.2 根据表 E-2 分级评定标准和各检测项目的得分总和，确定桥梁预制构件混凝土外观等级。

表 E-2 桥梁预制构件混凝土外观分级评定标准

评价等级	A 级（优良）	B 级（一般）	C 级（差）
总分	≥85	≥75 且 <85	<75

注：1. 单项扣分不得超过标准分值，超过标准分值时单项得分以 0 分计；
　　2. 评价等级为 C 级或有单项得分为 0 时，建议返工处理。

附录 F 案例材料——小箱梁

F.1 工程概况

钱江通道及接线项目北接线段工程 PPP（政府和社会资本合作）项目起点位于桐乡市骑塘乡西北，与沪杭高速公路 K130+070 相交，路线自北向南，跨南沙渚塘河、骑荆公路、洛塘河后进入海宁市境内，跨沪昆铁路、硖许一级公路及东西大道和杭浦高速公路与钱塘江过江隧道相接，路线全长 11.415km。主线采用双向六车道公路标准，设计行车速度100km/h，路基宽度33.5m。合同造价10.9965亿元，合同工期36个月。项目桥梁桩基共1504根，小箱梁1704片，空心板681片；路面面层120.7万 m^2/16.1万 t，基层9.2万 m^3/21.5万 t，底基层4.7万 m^3/11.1万 t。

F.2 预制厂建设

F.2.1 总体规划
预制厂采用分区模块化建设，对办公区、生活区、预制区、存梁区等大功能分区进行分隔，同时对各大功能分区中的小功能模块进行适当分隔，使各功能分区模块能互不干扰、互不影响。如图 F-1 所示。

F.2.2 钢筋加工厂
钢筋加工厂建设如图 F-2 所示。

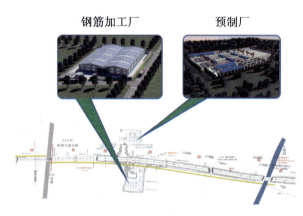

a) 预制厂选址

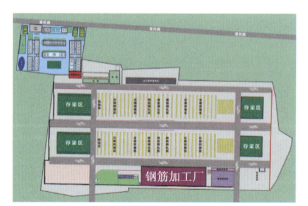

b) 预制厂功能区划分

图 F-1

c)预制厂门禁系统

d)预制厂简介

图 F-1　预制厂

a)钢筋加工厂布置

b)厂内通道

c)标识标牌

d)准件对比

e)货架式存放1

f)货架式存放2

图　F-2

g)货架式存放3　　　　　　　　　　　　h)货架式存放4

图 F-2　钢筋加工场

F.2.3　钢筋绑扎区

钢筋绑扎区防雨棚及半成品推车、存放箱如图 F-3 所示。

a)防雨棚　　　　　　　　　　　　b)半成品推车、存放箱

图 F-3　钢筋绑扎区

F.2.4　制梁区

制梁区底模台座采用工字钢制作，两端通过加密布置进行加强，台座下预埋临时用电线路及养护管线，场地内设置排水沟用于排水及养生水的循环再利用，见图 F-4。

a)制梁区全景　　　　　　　　　　　　b)制梁台座

图　F-4

c)台座下预埋和场地内排水　　　　　　　　d)混凝土运输通道

图 F-4　制梁区

F.2.5　压浆区

压浆区设置压浆机行走轨道用于减少门机使用率，提高工作效率。压浆区还设置了初级沉淀池用于集中清理废料，减少工作量。压浆轨道和压浆台车见图 F-5。

图 F-5　压浆轨道和压浆台车

F.2.6　存梁区

存梁区台座支点上放置硬橡胶垫，设置专用检验台座，见图 F-6。

图 F-6　检验台座和存梁台座

F.2.7 出梁区

出梁区运输便道紧靠存梁区，宽度应满足运梁需要，在走车两侧设置地钉"引路"，见图 F-7。

图 F-7　运输便道

F.3　工装设备

工装设备见图 F-8。

a) 数控钢筋弯曲中心

b) 架空滑线供电线路

c) 数控钢筋弯箍机

d) 数控剪切生产线

图　F-8

案例材料——小箱梁

e)智能张拉

f)智能压浆

图 F-8　工装设备

F.4　人员管理

人员管理方面，设立三级质量及安全技术交底、班前教育、劳动立功竞赛，见图 F-9。

a)三级质量及安全技术交底

b)班前教育

图 F-9　人员管理

F.5　标准化与可施工性设计深化

标准化与可施工性设计深化见图 F-10。

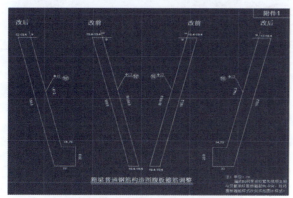
a)梁底部端头渐变段的腹板骨架优化

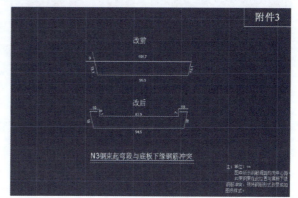
b)底板骨架优化

图　F-10

— 75 —

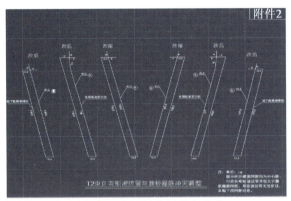
c) 负弯矩位置的腹板骨架优化

d) 梳齿板与模板外侧连接

图 F-10　标准化与可施工性设计深化

F.6　模板工程

模板工程见图 F-11。

a) 普通钢模板面板

b) 不锈钢模板面板

c) 压杠——防止内模上浮

d) 侧模翼缘

图　F-11

e)内模支撑

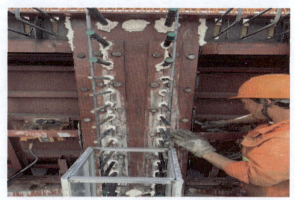
f)止漏卡板

图 F-11　模板工程

F.7　钢筋工程

钢筋工程见图 F-12。

a)定位胎架

b)剪力筋小车

c)水平筋小车

图　F-12

d)钢筋骨架吊装

e)钢筋保护层厚度控制

图 F-12　钢筋工程

F.8　混凝土工程

混凝土工程见图 F-13。

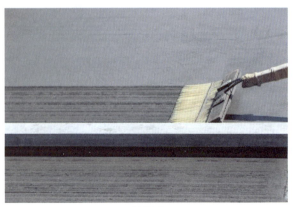

a)收面　　　　　　　　　　　　b)拉毛

图　F-13

c) 腹板养生

d) 顶板养生

e) 端头养生

f) 冬季养生

g) 端头凿毛

h) 横隔板凿毛

i) 翼缘板凿毛

j) 同期养生试块

图 F-13 混凝土工程

F.9 预应力工程

预应力工程见图 F-14。

a)整体式定位胎

b)定位坐标货架　　　　　　　　　c)定位筋位置标识

d)钢绞线穿束机　　　　　　　　　e)钢绞线编束

图 F-14　预应力工程

F.10 构件转运和存放

构件转运和存放见图 F-15。

a) 门式起重机　　　　　　　　b) 护瓦

c) 双层存梁　　　　　　　　d) 钢枕加橡胶垫

图 F-15　构件转运和存放

附录 G　案例材料——大箱梁

G.1　工程概况

宁波舟山港主通道（鱼山石化疏港公路）公路工程主线起于富翅互通，终于双合互通。海中设置长白互通连接长白岛。主线全长 27.969km，跨海桥梁长度 17.355km。

本标段海域非通航孔桥全长 12.320km，主梁均采用 70m 跨径箱梁，双幅布置，整孔预制、整孔架设，70m 预制箱梁通过在墩顶设置湿接头进行连续，墩顶湿接头宽度 90cm。

70m 跨径箱梁包括南通航孔桥至主通航孔桥、主通航孔桥至北通航孔桥及北通航孔桥北侧，全桥含长白互通区主线桥拼宽段 4 联在内共 72 联，箱梁总数 370 片，预制箱梁最大自重为 1 854t。

G.2　预制厂建设

预制厂选用金塘跨海大桥原先的预制厂，因跨度不同，在原预制厂的基础上对原先的出海码头、材料码头进行加固，对预制台座、存梁台座等生产区、生活区采取横列式，对预制厂进行重新设计和规划，见图 G-1。

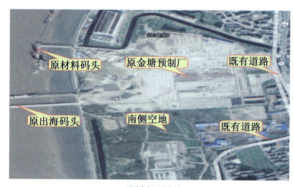 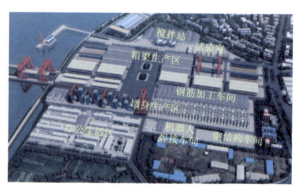

a) 预制厂原貌　　　　　　　　　　　b) 预制厂现状

图 G-1　预制厂建设

结合预制数量、工期要求、存梁时间及存梁需求，预制厂设有制梁台座 6 个，存梁台座有双层存梁台座及单层存梁台座，高峰期可存梁 40 片梁。

G.2.1 钢筋加工车间

项目钢筋总加工量86 273t、预制总工期24个月，本预制厂钢筋加工车间面积为8 000m²，设置两条生产线，配置全自动化钢筋加工设备，并备2台10t桁吊辅助施工，见图G-2。

a)钢筋加工厂

b)钢筋加工设备

c)切割车丝一体机

d)棒材剪切线

e)半成品货架式存放

图G-2 钢筋加工车间

G.2.2 钢筋绑扎区

6个制梁台座配备6个钢筋绑扎胎架，胎架数量满足生产需求，见图G-3。

G.2.3 制梁区

为满足混凝土浇筑和预应力张拉要求，对台座基础进行了专项设计，选用PHC（预应力高强度混凝土）管桩基础。并定期对台座进行沉降观测，目前尚未发现不均匀沉降，见图G-4。

图 G-3 大箱梁钢筋绑扎胎架

a)制梁台座　　　　　　　　　　　　b)制梁区

图 G-4 制梁台座与制梁区

G.2.4 存梁区

根据制梁设备配置状况、制梁工序、制梁周期及架设速度等因素,共设置 15 个双层存梁台座、4 个单层存梁台座,见图 G-5。

a)存梁台座　　　　　　　　　　　　b)存梁区

图 G-5 存梁台座和存梁区

结合地质状况和受力状况,为避免台座不均匀沉降引起梁体结构裂缝,存梁台座的结构形式选择桩基础。

G.2.5 出梁区

出梁区见图 G-6。

a) 搬运机提梁

b) 搬运机走行、转向

c) 箱梁出海码头

d) 箱梁装船出海

图 G-6　出梁区

G.2.6 拌和区

拌和站由拌和作业区、材料计量区、砂石料存储区、车辆停放区及办公区组成，场地面积共 27 000 m^2。配备 3 套 HZS240 型大型全自动拌和机，搅拌机组配置及产能满足生产、施工需求和工程进度要求，见图 G-7。

a) 拌和站及储料仓

b) 搅拌站

图　G-7

c)料仓堆码　　　　　　　　　　　d)样品箱和材料标识

图 G-7　拌和区

G.3　工装设备

工装设备根据生产工艺的流水线要求合理布设，基本生产设备和工艺工装均能满足施工生产的需求，见图 G-8。

a)粉料卸船机　　　　　　　　　　b)砂石皮带输送机及洗石机

c)搅拌站制冰机　　　　　　　　　　d)砂石分离机

图　G-8

e) 混凝土布料机

f) 箱内模自动开合系统

g) 焊接机器人

h) 智能压浆

i) 1 200t搬运机

j) 150t门式起重机

图 G-8　工装设备

G.4　人员管理

管理人员和作业人员的管理进行多层、分级管理。

G.4.1　人员培训制度、安全交底制度、班前教育制度和领导值班制度等，确保预制梁场的有效运行和管理，见图 G-9。

G.4.2　班组6S管理见图 G-10。

a)人员培训

b)三级交底

c)班前教育

d)领导带班制度

图 G-9 人员管理

a)整理

b)整顿

c)清扫

d)清洁

图 G-10

e) 素养

f) 安全

图 G-10　班组 6S 管理

G.4.3　班组 6 步走见图 G-11。

a) 班前提示

b) 班前检查

c) 班中巡查

d) 班后交接

e) 班后清理

f) 班后总结

图 G-11　班组 6 步走

G.5 标准化与可施工性设计深化

G.5.1 预制构件出厂运输及厂内运转根据预制构件的受力特点，采取有针对性的运输措施和方案，保证运输过程中预制构件不被损坏。

G.5.2 对预制构件吊装、安装进行专项方案设计，根据预制构件的单件质量、形状、安装高度、现场条件，制订下托梁+吊索的具有针对性的吊装施工方案，确保吊装过程受力安全并严格控制安装时的变形。

G.5.3 在预制箱梁顶面设置横坡。施工时，该措施对预制构件防排水，即防止运输、吊装过程中的水流进入箱室起到良好的作用。

G.6 模板工程

模板工程见图 G-12。

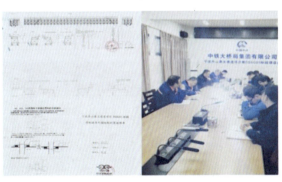

a)模板的专项设计与审查

b)模板进场验收

c)外模、底模打磨和涂刷脱模剂

d)内模打磨和涂刷脱模剂

图 G-12

e)端模安装

f)内模滑移就位

g)内模打开,齿块模板安装

h)脱内模、移出梁体

图 G-12　模板工程

G.7　钢筋工程

钢筋工程见图 G-13。

a)钢筋进场检验

b)钢筋半成品加工检验

c)半成品存放

d)模块化钢筋绑扎

图　G-13

e) 底腹板钢筋绑扎

f) 齿块钢筋安装

g) 内胎具安装

h) 顶板钢筋绑扎及预应力布置

i) 吊挂扁担安装

j) 钢筋笼吊装

图 G-13　钢筋工程

G.8　混凝土工程

混凝土工程见图 G-14。

a) 布料机布置

b) 混凝土浇筑

图　G-14

c)轨道式提浆整平机

d)座驾抹光机二次收面

e)桥面拉毛

f)自动喷淋养生

g)保温板

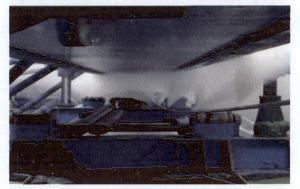
h)蒸汽养生

图 G-14 混凝土工程

G.9 预应力工程

预应力工程见图 G-15。

G.10 构件转运和存放

构件转运和存放见图 G-16。

a)智能张拉

b)智能压浆

图 G-15　预应力工程

a)梁体吊离预制台座

b)梁体横移居中

c)搬运机走行

d)落梁存梁区

e)单层存梁

f)双层存梁

图 G-16　构件转运和存放

附录 H 案例材料——节段梁

H.1 工程概况

五峰山过江通道南北公路接线工程北接京沪高速公路正谊枢纽，向南跨芒稻河，接五峰山公铁合建长江大桥，止于泰州桥南接线大港枢纽。路线途经扬州市江都区、广陵区和镇江市丹徒区（高桥镇）、镇江新区，全长约 33.005km（不含公铁大桥合建段 2.877km）。

五峰山过江通道公路接线工程 WFS-4 标段桩号范围为 K20+348.966～K23+244.026 及 K26+120.526～K28+286.186，桥梁上部结构主要采用节段梁预制安装工艺施工，北引桥桥长 2.895 1km（含耳墙），采用双向八车道高速公路标准建设。

北引桥全桥共 17 联，南引桥左幅全桥共 13 联、右幅全桥共 14 联，30m 跨梁为连续梁结构，50m 跨梁为连续刚构结构，共计 3 095 榀预制节段箱梁。节段梁采用单箱双室等截面预应力混凝土箱梁，两侧腹板为斜腹板，左右分幅布置，节段种类多达 30 种，混凝土强度等级为 C55，混凝土总量达 12.54 万 m^3，钢筋加工总量约 3.7 万 t。

H.2 预制厂建设

节段梁预制厂占地面积约 200 亩，主要功能区包括办公生活区、钢筋配送中心（钢筋加工区）、混凝土配送中心（混凝土拌和区）、钢筋绑扎区、预制区、养护区、堆存区、出运区，各功能分区之间先后衔接，形成工厂化流水线生产。根据节段梁预制难度、存梁期、现场预制和安装进度等因素综合考虑，布置预制车间（预制台座）30 个，养护车间 4 个，钢筋绑扎胎架 34 个，见图 H-1。

H.2.1 钢筋配送中心为全封闭的钢结构厂房，占地面积约 6 000m^2，厂内设置办公室、会议室、休息室、钢筋标准件展示区、原材料存放区、加工区及半成品堆放区，见图 H-2。

H.2.2 每条生产线设置钢筋绑扎区，绑扎区设置移动式顶棚，为满足钢筋穿插需要，侧面不封闭。钢筋绑扎区另设置钢筋绑扎交底及钢筋绑扎示范区，见图 H-3。

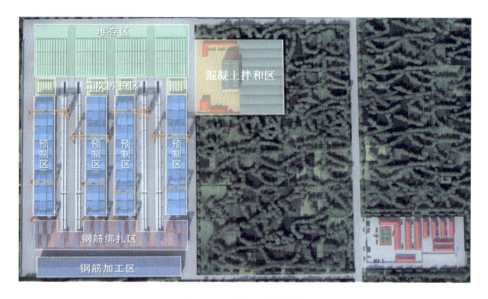

图 H-1　预制厂布置图

图 H-2　钢筋配送中心

图 H-3　钢筋绑扎区

H.2.3　预制车间为全封闭钢结构厂房，车间设置可开启式顶棚，以便钢筋骨架和节段梁吊运。模板及匹配梁区域基础采用桩基础，避免节段梁预制过程中的基础沉降，见图 H-4。

图 H-4　预制车间

H.2.4　养护区设置养护车间，养护车间结构同预制车间，车间内配置养护设施，满足节段梁四季养护需要。冬季养护时，设置养护隔舱，满足提梁时养护期节段保温需要，见图 H-5。

图 H-5　预制车间冬季和夏季施工养护设备

H.2.5　混凝土配送中心为全封闭搅拌站，保证材料含水率等不受天气影响。搅拌站内配置石子水洗及砂子筛分设备，见图 H-6。

图 H-6　混凝土配送中心

H.2.6 出梁码头位于长江沿岸，距离存量区域距离不足 1 000m，码头为 5 000t 级，出梁码头配置 200t 桁车一台，具备全天 24h 出梁条件，见图 H-7。

图 H-7　出梁码头

H.2.7 钢筋在钢筋配送中心制作完成后，运输至绑扎区进行绑扎，钢筋笼成型后吊装至预制车间，完成模板安装、混凝土浇筑及节段初期养护，之后吊运至养护车间养护，养护完成后吊运至堆存区，最后根据现场需要进行出运。整个施工流程形成完整的生产线，见图 H-8。

图 H-8　生产线布置示意图

H.2.8 预制厂运用 BIM 管理平台及智能视频监控、喊话系统，对节段梁生产、仓储、出厂、运输的全过程信息化、智能化管理，见图 H-9。

 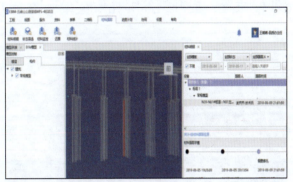

图 H-9　BIM 应用

H.3　工装设备

H.3.1　工装

钢筋骨架吊装采用多点平衡吊具（图 H-10），可避免骨架在吊装过程中的变形。

图 H-10　多点平衡吊具

节段梁吊具采用横纵向可调整、适应性强的吊具（图 H-11），可用于不同大小的梁段，避免频繁更换吊具。

图 H-11　节段梁可调吊具

钢筋绑扎胎架上设置定位梳齿板进行钢筋定位，快速、准确；设置埋件定位装置预留埋件位置，提升钢筋绑扎质量，见图 H-12。

图 H-12　钢筋绑扎胎架

H.3.2　设备

钢筋配送中心配置数控剪切线、弯曲中心，自动弯箍机等钢筋数控设备，见图 H-13。

图 H-13　数控钢筋加工设备

钢筋半成品运输使用遥控电动平板小车，小车上设置钢筋存放架，见图 H-14。

图 H-14　钢筋半成品运输车

预制生产线共配置 4 条，每条生产线各配置 15t、30t 和 180t 门式起重机 1 台，15t

和30t共轨，180t门式起重机与其他两台门式起重机异轨布置，门式起重机均采用地埋式滑触线（图H-15）供电，有效提高门式起重机的使用效率和供电稳定性。

图 H-15　滑触线布置

施工各作业点临时用电布置标准化，普及工业防水插头，有效提高了临时用电的安全性，见图H-16。

图 H-16　各作业区域临时用电布置

预制车间设置遥控顶棚，避免人员高处推拉，减少施工风险，见图H-17。

图 H-17　预制车间遥控顶棚

节段梁运输使用模块车，并配备节段梁支垫工装，有效保障了超宽节段梁运输过程中的适应性，见图 H-18。

图 H-18　模块车

配置石料反击、整形、水洗一体设备，可提升石子质量，并保证石子供给，见图 H-19。

图 H-19　石料反击、整形、水洗一体设备

H.4　人员管理

实施完善班组标准化建设，制订班组标准化实施方案及相关制度，并分区域划分施工班组，明确班组长、班组巡查员、分管安全员、分管技术员，现场严格实行责任划分，明确班组各级人员岗位责任。践行班组 7S 管理及班组 6 步走管理，加强班组考核及奖惩，提高施工工效，达到生产、安全双赢，见图 H-20。

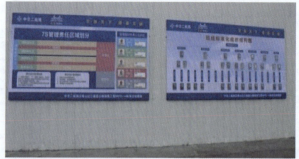

图 H-20　班组管理

H.5　标准化与可实施性设计深化

H.5.1　钢筋设计优化

1　槽口钢筋设计优化，有利于后期钢筋焊接还原。
2　齿块钢筋设计优化，提升了钢筋绑扎可实施性。
3　优化了转向块钢筋布置，避免了钢筋与预应力孔道干涉问题。
4　优化了 50 号跨墩顶梁段钢筋绑扎和转向器安装，提升了钢筋的整体性和转向器的定位质量。
5　优化了与预应力孔道碰撞部位的钢筋方案。

H.5.2　预应力设计优化

1　采用 BIM 技术对体外预应力束与体内预应力束布置进行碰撞检查，优化了体内束布置。
2　优化了临时预应力钢齿坎布置，避免了体外预应力与钢齿坎干涉。

H.5.3　结构设计优化

1　优化了剪力键布置，避免了剪力键与预应力孔道干涉。
2　优化了墩顶梁段局部设计，槽口和直倒角处增设了小的倒角，便于脱模。

H.6 模板工程

模板系统由固定端模及支架、活动端模、外侧模及支架、内模及移动支架、底模及底模台车、液压系统等几部分组成。采用6mm+2mm复合不锈钢面板，配置液压系统，见图H-21。

图 H-21 液压模板

模板进场后及时拼装，并根据技术标准、规范和设计图纸进行检查，见图H-22。

图 H-22 检查模板

模板清理打磨干净，模板脱模剂使用喷壶喷洒均匀。内腔室底板倒角位置张贴模板布，可有效避免气泡产生，见图H-23。

图 H-23 处理模板

转向块与节段整体浇筑，钢筋一次成型整体吊装入模，转向器在钢筋胎架上进行安装和定位，入模后进行位置复核并加固。转向器两端使用橡塑海绵封堵，端部紧贴模板，可有效避免漏浆，见图H-24。

图H-24　安装转向器

墩顶梁段施工根据现场安装工艺不同，分为整体预制和外壳预制两种情况。整体预制时，工艺同普通梁段；外壳预制时，内腔采用收口网进行隔离。安装时，使用钢筋网进行加固，可避免胀模。

H.7　钢筋工程

钢筋均在钢筋配送中心内集中加工。钢筋进场存放于专用货架，经检验合格后使用，采用数控加工设备加工。钢筋半成品经验收合格后分类存放于半成品专用货架上，使用专用半成品运输小车分类运输，见图H-25。

图H-25　钢筋加工与运输

根据位置选用垫块形式，圆饼状垫块接触面积大，能避免钢筋笼入模磕碰碎边，适用于钢筋两侧外腹板；其他部位使用马蹄状垫块更加方便、实用，见图H-26。

图 H-26　外腹板垫块

受力较大（腹板底部、倒角部位）部分位置需适当加密，见图 H-27。

图 H-27　垫块加密

腹板骨架采用措施对钢筋加固，减小腹板箍筋变形，见图 H-28。

图 H-28　钢筋加固

钢筋笼起吊采用吊具进行多点平衡起吊，钢筋骨架顶、底板均设置吊点。吊点采用花兰螺栓进行调节，保证钢筋骨架各受力点受力均匀，见图 H-29。

入内模后，使用工装对钢筋保护层进行检查、调整，见图 H-30。

图 H-29 钢筋笼起吊

图 H-30 入模后检查

拆模后，及时检测钢筋保护层，检验控制措施的有效性，并针对出现的问题进行专项分析和调整，进一步提升施工质量，见图 H-31。

图 H-31 拆模后检查

预埋件均在胎架上精确定位，并在钢筋绑扎前预留预埋件位置。墩顶节段钢筋绑扎时，优化绑扎顺序，降低钢筋切断数量，提高预埋件安装精度，见图 H-32。

图 H-32 预埋件定位、安装

H.8 混凝土工程

混凝土配送中心为全封闭结构，配置两台 120 型搅拌站，同时配置砂子筛分设备、石子水洗设备、水制冷和加热设备，见图 H-33。

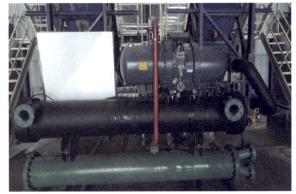

图 H-33 拌和设备

混凝土配合比设计完成后，进行多项对比试验，确定适宜的施工配合比、脱模剂、振捣工艺等，见图 H-34。

图 H-34 混凝土浇筑试验

配置智能喷雾养护设备和蒸汽养护设备，配合预制车间厂房，确保节段的早期养护满足要求，见图 H-35。

图 H-35　混凝土养护

H.9　构件存放和转运

本案例节段梁为单箱双室结构，采用传统支垫三点支垫存梁方式存梁时，局部拉应力超过限值。因此，存梁时，腹板位置均设置支垫，运输时使用专用货架进行运输，避免梁段混凝土拉应力超限，见图 H-36。

图 H-36　节段梁转运

H.10　安全管理

各施工作业点安全防护设施配置齐全，施工过程安全管理可控，见图 H-37。

使用安全教育培训 App、人脸识别门禁系统、安全守护系统等进行作业人员管理；设置视频监控、特种设备预测预警等装置，实现施工设备的安全管理；制作技术交底工艺视频，推行可视化交底，建立 VR（虚拟现实）安全体验馆，使安全教育做到可视化，提高安全技术交底有效率，见图 H-38。

图 H-37 临边防护和安全通道

图 H-38

图 H-38 现代化安全措施

H.11 环境保护

预制工区配备保洁车、洒水车和保洁人员，保持厂内干净、卫生，抑制扬尘；进出厂道路设洗车台，确保车辆到公共道路上的干净、清洁；搅拌站采用环保型搅拌站，粉尘较大作业点配备粉尘收集设备；大量布置绿化，总体绿化面积超过10%，确保无裸露土体；设置生态养护池、使用智能喷雾养护设备，提高水资源利用率，见图 H-39。

图 H-39

图 H-39　厂内环保措施

附录 J 案例材料——T 梁

J.1 工程概况

萍乡至莲花高速公路 B8 标段起于莲花县升坊乡塘谷地莲花县城市规划区，设有一座莲花工业园高架桥，路线经竹塘，上跨 319 国道，沿莲花连接线接入莲花枢纽，衔接泉南高速公路 G72，止于莲花连接线云坡州大桥北桥头，路线总体呈南北走向。本标段起讫点桩号为 K74+000～K76+760，路线全长 2.76km。

本标段共布设特大桥 1 088m/1 座（莲花县工业园高架桥，起点里程 K74+053.1），分离式立交 66m/1 座，主线圆管涵 6 道，盖板通道 2 道，线外圆管涵 12 道，盖板涵 3 道。预制 30m T 梁共 432 片。本工程混凝土采用集中搅拌，T 梁采用预制厂集中预制。

J.2 预制厂建设

本工程预制厂占地总面积 16 506.7m²，含制梁区、存梁区、钢筋加工及存放区、场内道路、库房、办公及生活区、绿化等。预制厂的办公、生活区充分利用存梁区端部（靠近宝海路一端）既有的宿舍楼，内有厨房、卫生间、客厅等，水电设施齐全，见图 J-1。

图 J-1 梁场总体平面位置布置图（尺寸单位：m）

J.2.1　供电、供水

1　合理布设供电、供水系统，水、电管路根据设计图纸的具体位置全部入地埋设，在台座、设备等周边预留水、电管线接口。

2　在C20混凝土硬化层内（含通过场地内道路、门式起重机轨道条形基础等处）设置内径φ50mm的PVC管，管内穿电缆线，在相应的二级配电处引出支线。在每个制梁台座的一端引出开关箱的电缆线接头，高出C20混凝土硬化层顶面不小于30cm，后续接开关箱，见图J-2。

图J-2　制梁台座一端安装开关箱

3　在两排制梁台座间设置专用防水电磁阀及预留压浆用的水管接口。每个防水电磁阀单独控制一条台座底部的DN50mm PPR（三型聚丙烯）供水支管，见图J-3。

图J-3　两排制梁台座间设置防水电磁阀及预留压浆用水管接口

4　台座底部预埋DN50mm PPR供水支管。根据图J-4所示的尺寸在相应位置向上引出DN25mm PPR管，接可伸缩式270°旋转喷头。供水主管、分水主管分别采用DN75mm、DN63mm PPR管，预埋在C20混凝土硬化层内或设置在排水暗沟内。分水主管在每排制梁台座间引出。

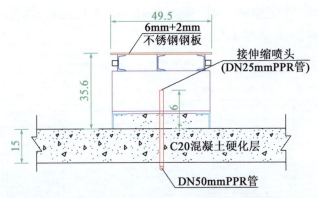

图 J-4　台座底部及向上引出水管剖面图（尺寸单位：cm）

J.2.2　排水

1　合理布置排水系统，场区设置纵、横排水沟及周边排水沟；硬化的混凝土地面纵、横坡设置合理，避免积水；预制厂内设置三级沉淀池。

2　场地硬化过程中遵循中间高、四周低的原则，排水坡度控制在1.0%。制梁区每两个制梁台座间纵向设置20cm×15cm矩形明沟，两排制梁台座间横向设置30cm×20cm矩形明沟（场地内运输道路处为暗沟），场地外设置30cm×20cm矩形明沟，见图J-5。排水沟底根据排水方向设置1.0%左右的排水纵坡，场地内与场地外的排水系统相连，确保场地内排水系统完善。制梁台座间的喷淋养护水先流入纵向排水明沟，通过横向的暗沟分段截水流入场地外排水沟，最后进入三级沉淀池，见图J-6。

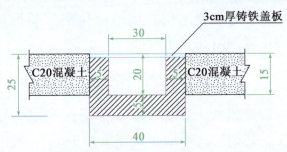

图 J-5　30cm×20cm 排水暗沟断面图（尺寸单位：cm）

图 J-6　制梁台座间的纵、横向排水明沟

3 场地内设置 2 个沉淀池，尺寸 3m×6m，池深 1.5m。污水必须经三级沉淀后排入现场既有雨水井，构造图见图 J-7。

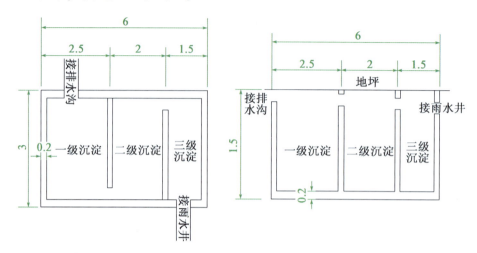

图 J-7 三级沉淀池细部构造图（尺寸单位：m）

J.2.3 场地硬化

场地内作业区清表压实后地基承载力不小于 180kPa，一般地段采用 10cm 厚的 C20 混凝土硬化处理（存梁区除场地内运输通道进行硬化外，其余位置不作硬化处理，存梁台座处地基处理后施作存梁台座；其余位置地面清表压实后铺设 10cm 石屑并设置 1% 的坡度，以利排水）；主要运输道路采用不小于 20cm 厚的 C30 混凝土硬化；基础不好的道路增设不小于 15cm 厚的水稳基层。场地硬化前按照设计图纸布设好水、电管路，并按图纸要求在相应位置预留孔和水管接口。

J.2.4 场地绿化

将场地绿化区域纳入设计图纸。对场地内非混凝土硬化区域进行植草绿化，弥补短板，清除死角，保持绿色始终相连，平面布置图见图 J-8。

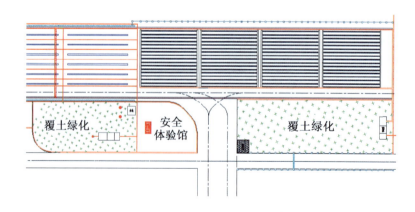

图 J-8 预制厂内绿化区域设计平面布置图

除对设计图纸中的绿化区域进行绿化外，对边角部位尚应进行绿化，见图 J-9。

图 J-9　存梁区与运输道路之间绿化并覆盖绿网

J.2.5　钢筋加工厂

本着因地制宜的原则，T 梁钢筋加工厂充分利用既有厂房，长宽尺寸为 60.5m×24.5m，内设 1 台 10t 桁吊，用于钢筋等的装卸，半成品钢筋采用小型配送车运送，见图 J-10。厂内安全通道两侧采用 1.0m 高通透式隔离墙，每个分区处留开口，各功能分区采用标线隔离，厂内地板按分区分别涂刷彩色油漆。

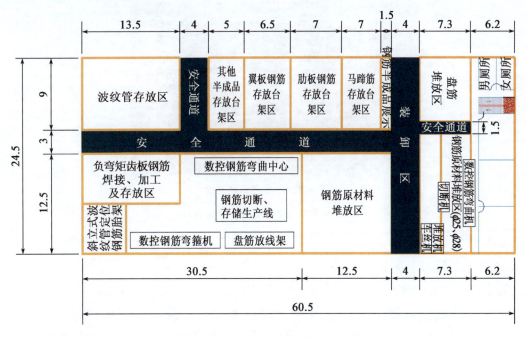

图 J-10　T 梁钢筋加工厂平面布置效果图（尺寸单位：m）

在厂内设置钢筋半成品展示台。加工完成的半成品钢筋分类标识明确，其存放采用仓储式，按照功能分区分类整齐摆放，见图 J-11。

a) 马蹄钢筋存放

b) 波纹管定位钢筋存放

c) 肋板箍筋存放

d) 翼板钢筋存放

e) 其他半成品钢筋存放

图 J-11 半成品钢筋仓储式存放

J.2.6 制梁区

1 制梁区布置

梁场制梁区（图 J-12）长宽尺寸为 117.8m×34m，采用彩钢棚进行封闭，设置制梁台座 14 个、肋板钢筋胎架 1 个、翼板钢筋胎架 1 个，配备 2 套中梁模板、1 套边梁模板。制梁区一侧设置 6.0m 宽场内运输通道，供混凝土、钢筋、钢绞线等的运输；制梁区外侧设置 20m 宽运输通道，以便会车及 T 梁的厂内运输。

厂内设置 2 台 60t/跨度 32m 的门式起重机，用于 T 梁吊装；1 台 10t/跨度 32m 的门式起重机，用于模板安拆、钢筋骨架吊装、混凝土浇筑等。

2 制梁台座

制梁台座采用钢台座，利于倒用及安装，同时便于台座底部自动喷淋养护系统可伸缩式 270°旋转伸缩喷头的设置，便于侧模底部拉杆的安装等。制梁台座见图 J-13。

图 J-12　制梁区

图 J-13　制梁钢台座实景图

按照设计图纸（图 J-14）的要求，在每个制梁台座的中间向下设置 10mm 的反拱值。定位时需精确定位，按二次抛物线进行设置，保证偏差范围在 ±2mm 以内。

在使用过程中，定期对台座进行复测检查，非不良地基区域的台座每 3 个月复测 1 次，不良地基区域的台座每月应复测 1 次。

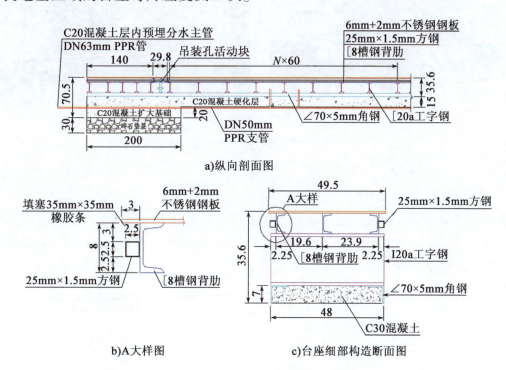

图 J-14　制梁钢台座及扩大基础细部构造图（尺寸单位：cm）

3 门式起重机

门式起重机采用滑线式供电，该系统通过铜滑轮在电线上随着门式起重机同步行走，见图 J-15。

| a)利用彩钢棚立柱架设滑线 | b)架设立杆设置滑线供电 |

图 J-15　门式起重机滑线供电

门式起重机采用液压自动刹车装置。门式起重机配备液压自动刹车装置，在短暂停止行走 1min 后，液压刹车自行下放至轨道上自行刹车，见图 J-16。

图 J-16　门式起重机液压自动刹车装置

J.2.7　存梁区

存梁区设置 8 条存梁台座，台座采用 C30 钢筋混凝土，底部设置一层 $\phi 12$ 钢筋网片，网格间距 15cm 布置。台座基础承载力不小于 500kPa。存梁台座及门式起重机轨道基础断面图见图 J-17。

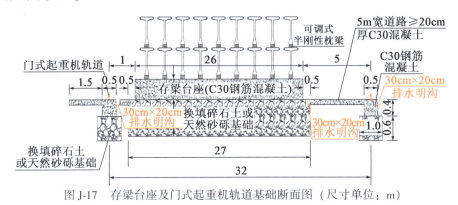

图 J-17　存梁台座及门式起重机轨道基础断面图（尺寸单位：m）

J.3 模板工程

J.3.1 侧模采用液压定型整体钢模板（图 J-18），在两台座间设置专用走行轨道；侧模面板的加劲竖梁整体外移 170mm（翼板环形钢筋设计伸出 147mm），避免翼板环形钢筋与侧模加劲竖梁冲突，见图 J-19、图 J-20。

图 J-18 液压定型整体钢模板

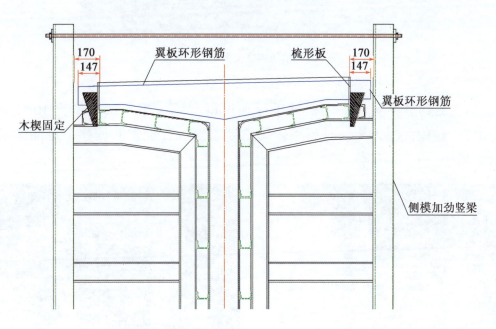

图 J-19 侧模加劲竖梁整体外移（尺寸单位：mm）

J.3.2 横隔板底模采用独立底模（图 J-21），避免在模板拆除后，横隔板与翼缘、肋板交界处因其过早悬空而产生裂纹的情况。

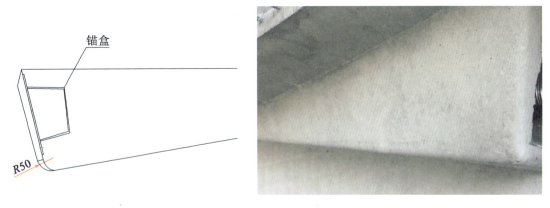

图 J-20　负弯矩齿块面板示意图和实物图

图 J-21　横隔板底模采用独立底模

J.3.3 侧模加劲竖梁底部采用机械千斤顶进行支撑（千斤顶质量为 10t，一块侧模板采用 4 个），避免混凝土浇筑时高频振捣，导致模板有轻微的偏移，进而影响 T 梁尺寸，见图 J-22。

a) 一般位置

b) 横隔板

图 J-22　两侧千斤顶支撑

J.3.4 针对内外侧边梁顶板宽度不一致问题。在模板设计时,可通过考虑顶板宽度进行调节。即通过8号小槽钢与边梁侧边挡板焊接,同时可内外推拉,宽度及线形调整后采用螺栓进行固定。如此能满足一套边梁模板同时适应内外侧边梁的需求。边梁顶板宽度调节装置见图J-23。

图J-23 边梁顶板宽度调节装置

J.3.5 侧模两侧设置混凝土施工操作平台并配备人员上下爬梯,见图J-24。

图J-24 模板两侧设置混凝土施工操作平台

J.3.6 底模

底模面板采用5mm+2mm厚复合不锈钢面板;底模两侧用槽钢等进行包边并内嵌橡胶条,确保不漏浆,见图J-25。

J.3.7 端模

1 端模采用分体组合式端模(图J-26),即顶板端模和肋板端模组合而成的端模。

分体组合式有利于拆模，避免梁端缺边掉角。顶板端模和肋板端模之间采用螺栓进行连接。

a)复合不锈钢面板

b)两侧包边

图 J-25　底模面板

a)肋板端模

b)顶板端模

图 J-26　分体组合式端模

2　对伸缩装置的端头模板及封端模板进行优化设计和微改进，可解决以下问题：

1）因设置张拉槽而导致梁端钢筋切断的问题；

2）因伸缩装置钢筋不便预埋或缺失而导致钢筋擅自切断或后续植筋的问题；

3）封端混凝土接缝处不严密、漏浆、开裂等问题。

伸缩装置端头模板设计图及实物图见图 J-27、图 J-28。

3　将顶板两端的堵头模板顶面采用小槽钢进行加高（图 J-29），拆除时敲击加高部分即可，避免对混凝土的损伤。

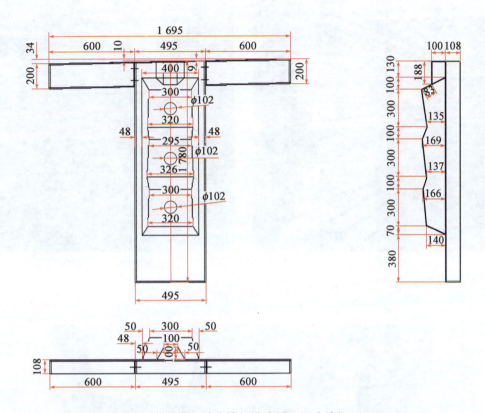

图 J-27 伸缩装置端头模板设计图（尺寸单位：mm）

a)伸缩装置端头模板实物图

图 J-28

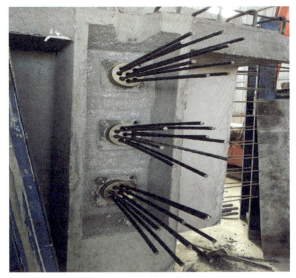
b)伸缩装置端头

c)封端模板直接安装和加固

图 J-28 伸缩装置端头实物图

图 J-29 端头模板顶部采用槽钢等进行加高

J.4 钢筋工程

J.4.1 钢筋加工采用数控钢筋弯曲机（中心）、数控钢筋弯箍机、数控钢筋调直切断机、数控钢筋车丝打磨机等（图 J-30），提升钢筋保护层合格率。

J.4.2 肋板、翼板、负弯矩齿块的钢筋分别在专用胎架上进行绑扎，确保钢筋安装定位准确，见图 J-31。

a)数控钢筋弯箍机

b)数控钢筋弯曲中心

c)数控钢筋调直切断机

图 J-30　钢筋加工机械

a)肋板钢筋胎架

b)翼板钢筋胎架

图　J-31

c)负弯矩齿块钢筋焊接胎架

图 J-31 钢筋胎架

J.4.3 顶板剪力筋安装采用剪力筋定位小车（图 J-32）进行布设，小车上设置可控制剪力筋高度及位置的定位装置。

图 J-32 顶板剪力筋定位小车实物图

J.4.4 肋板和翼板钢筋骨架分别采用专用吊架进行整体吊装，其中翼板和负弯矩齿块的钢筋一起绑扎、整体吊装，见图 J-33。

a)肋板钢筋骨架

b)翼板钢筋骨架1

图 J-33

c)翼板钢筋骨架2

d)负弯矩齿块钢筋骨架

图 J-33　整体吊装

J.4.5　翼缘环形钢筋增设辅助钢筋并用紧线器拉紧，见图 J-34。

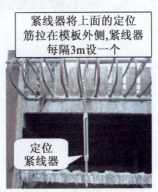

图 J-34　翼缘环形钢筋增设辅助钢筋

J.4.6　钢筋保护层厚度控制

半成品钢筋展示台见图 J-35。

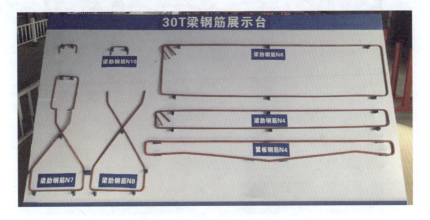

图 J-35　半成品钢筋展示台

梁肋侧面采用圆形垫块（图 J-36），梁肋底板和翼板下侧采用梅花形垫块；变截面部位和主筋布置的部位适当加密。

图 J-36　梁肋侧面保护层垫块布置

本工程中，梁肋骨架各侧面保护层检查不少于 20 处，要求总体合格率达到 100%，否则需重新调整。模板拆除后及时检测 T 梁的保护层厚度，对于保护层低于 95% 的部位要及时查明原因。

J.4.7　波纹管定位筋采用斜立式波纹管定位钢筋胎架（图 J-37）制作。将加工好的波纹管定位钢筋安装在肋板钢筋胎架相应的标识位置，穿入波纹管后用 U 形卡再对波纹管进行横向定位，防止混凝土浇筑振捣过程中偏移，见图 J-38。

图 J-37　斜立式波纹管定位钢筋胎架

图 J-38　波纹管定位钢筋安装及 U 形卡横向定位

J.5　混凝土工程

J.5.1　碎石材料采用滚筒式洗料机水洗，经皮带输送机入仓，封闭储存，以减少粉尘含量，提高混凝土质量。碎石清洗设备见图 J-39。

图 J-39　碎石清洗设备实物图

J.5.2　在混凝土浇筑前，对模板的钢筋预留孔洞、梳形板、外模及端头模板之间的连接处等易漏浆的部位采取使用强力胶皮或泡沫填缝剂止浆等堵浆措施，见图 J-40。

J.5.3　混凝土浇筑前，使用比波纹管内径略小的塑料软管，穿入波纹管内（负弯矩束采用扁波纹管时内穿 4 根小塑料软管），见图 J-41。

J.5.4　T 梁肋板混凝土的布料采用肋板混凝土浇筑布料装置（图 J-42）。肋板混凝土浇筑布料装置在模板两侧的加劲竖梁上的固定轨道滑轮行走，混凝土浇筑过程中通过小槽口可直接浇筑肋板。

a) 强力胶皮止浆

b) 泡沫填缝剂止浆

图 J-40 堵浆措施

图 J-41 波纹管内穿塑料软管

图 J-42 肋板混凝土浇筑布料装置

J.5.5 拆模后及时采用电动凿毛机对湿接缝进行凿毛，见图 J-43。

图 J-43　湿接缝处划线凿毛效果图

J.5.6 混凝土养生

混凝土养生见图 J-44。

a)养生喷头接口

b)底部接口接顶板摇摆喷头

c)梁端专用养生喷头

d)自动喷淋养生控制系统控制柜

图 J-44　混凝土养生

J.6 预应力工程

预应力工程见图 J-45。

a) 智能张拉

b) 压浆现场实操

c) 负弯矩波纹管伸出 5~10cm

图 J-45 预应力工程

J.7 构件存放和转运

构件存放和转运见图 J-46。

a) 边梁斜撑杆支撑固定

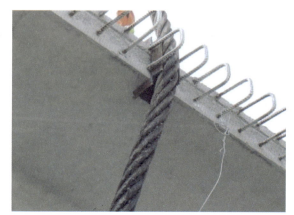

b) 钢丝绳与梁体接触点角钢包边

图 J-46

c) 半刚性枕梁、可调式边梁斜撑杆

图 J-46 构件存放和转运

附录 K 案例材料——T 梁

K.1 工程概况

本标段为铜仁市沿河经印江（木黄）至松桃高速公路第十合同段，拟定起止桩号为 K97+811.5~K107+310，线路总长 9.47km。结合本项目的实际情况，经过多处选址比较，决定将 2 号预制梁厂建设在 K105+140~K105+620 段主线路基上，计划生产 825 片 T 梁，其中 40m T 梁 158 片、30mT 梁 459 片、25mT 梁 20 片、24mT 梁 16 片、20mT 梁 172 片。

K.2 预制厂建设

预制厂位于 K105+190~K105+445 段，长度 255m，宽度 28m，共占地 17 920 m^2。预制厂包括预制区、存梁区、原材料堆放区、办公区、生活区。

K.2.1 场地规划及建设见图 K-1。

K.2.2 钢筋半成品加工区见图 K-2。

K.2.3 预制区见图 K-3。

a)门禁系统

b)封闭式围挡

图 K-1

c) 外置式门式起重机、便道外置

d) 通道隔离

e) 地埋排水系统

f) 沉淀池净化效果

g) 便道喷淋除尘

h) 台座沉降观测

i) 场地硬化

j) 边坡绿化

图 K-1　场地规划及建设

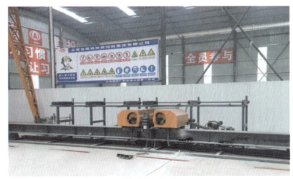
a)数控弯曲中心

b)数控弯箍机

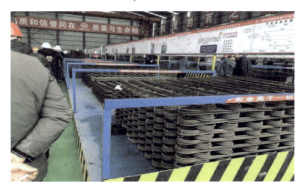

c)钢筋储存分区

图 K-2 钢筋半成品加工区

a)混凝土台座

b)钢结构台座

c)铰接式调坡工装

d)安全爬梯

图 K-3

e)横隔板支撑

f)翼缘板支撑

图 K-3　预制区

K.2.4 存梁区见图 K-4。

a)存梁橡胶垫支撑

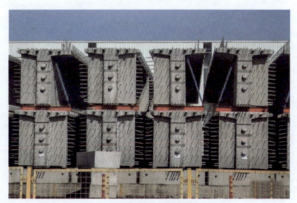
b)存梁支撑措施

图 K-4　存梁区

K.2.5 专用材料库房见图 K-5。

a)波纹管材料架

b)锚具支座材料架

图 K-5　专用材料库房

K.2.6 全天候作业措施见图 K-6。

a)伸缩钢结构大棚　　　　　　　　　　　b)移动钢结构大棚

图 K-6　全天候作业措施

K.2.7 施工临时用水用电见图 K-7。

a)一机一闸一箱一漏保　　　　　　　　　b)门式起重机滑触线取电、排水暗管

图 K-7　施工临时用水用电

K.2.8 小型机具工装见图 K-8。

a)翼缘板钢筋胎架　　　　　　　　　　　b)腹板钢筋胎架

图　K-8

c)钢筋笼吊具

d)钢筋笼

e)混凝土浇筑平台及爬梯

f)张拉防护平台

g)智能养护系统

h)同养试块

图 K-8　小型机具工装

K.2.9　信息化见图 K-9。

a)门禁系统

b)BIM技术

图　K-9

c)二维码技术

d)视频监控系统

e)信息化管理云平台

f)环境在线监测系统

图 K-9　信息化建设

K.3　模板工程

模板工程见图 K-10。

a)普通钢模板

b)液压模板

图　K-10

c)横板立柱避让翼缘钢筋

d)翼缘板钢筋端头固定

e)底板止浆措施

f)外漏钢筋孔止浆措施

g)翼板横坡调节螺栓

h)负弯矩端头模板

i)高压水枪用于模板清洗(30~100MPa)

j)背负式吹风机用于模板清洗后风干

图 K-10

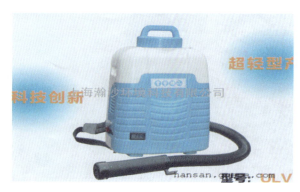
k)背负式汽油喷雾机用于脱模剂的喷涂

l)模板清理机

图 K-10 模板工程

K.4 钢筋工程

钢筋工程见图 K-11。

a)顶板胎模及剪力筋定位

b)腹板定位胎架

c)移动式大棚

d)吊装梁

图 K-11

e)标准件

f)三维激光扫描技术

g)电动扎丝机

h)专用垫块制作

图 K-11 钢筋工程

K.5 混凝土工程

混凝土工程见图 K-12。

K.6 预应力工程

预应力工程见图 K-13。

a)混凝土布料装置

b)电动行走布料装置

图 K-12

c)夏季喷淋，端部、顶面喷淋

d)冬季恒温养生棚

e)智能喷淋养生系统

f)高压水冲毛

g)冲毛效果

h)机械凿毛

i)免凿毛措施

j)同条件养生试块

图 K-12　混凝土工程

a)波纹管定位胎架

b)卡槽式接头

c)钢绞线保护锥形胶塞

d)充气胶囊预应力管道堵头

e)热熔焊接

f)波纹管定位区

g)充气胶囊施作波纹管内衬管

h)充气胶囊充当波纹管内衬管定位效果

图 K-13

i) 负弯矩管道孔口锥形塞定位

j) 负弯矩管道墩顶专用出浆口三通装置

k) 钢绞线编束

l) 钢绞线梳束

m) 张拉操防护

n) 前卡式千斤顶

o) 负弯矩外漏波纹管保护装置

p) 预应力孔道保护

图 K-13　预应力工程

K.7 转运和存放

转运和存放见图 K-14。

a)提梁吊具

b)混凝土吊装成品保护

c)存梁橡胶垫支撑

d)存梁支撑措施

图 K-14 转运和存放